Die perfekte Figur

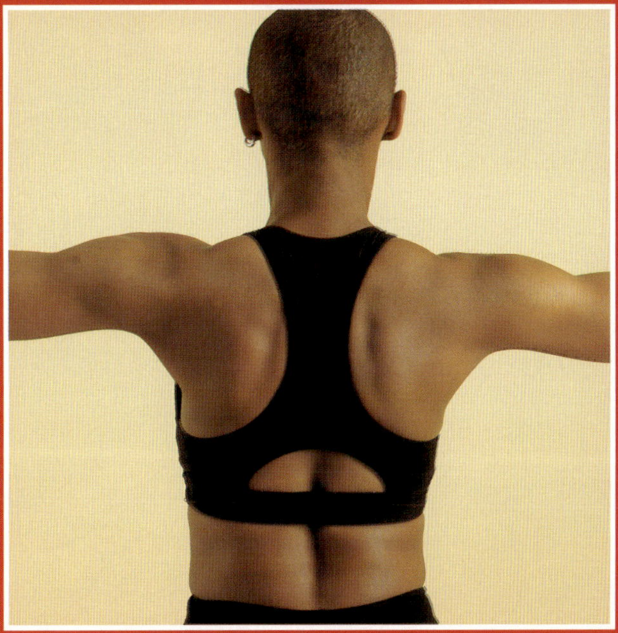

Die perfekte Figur

Mit Body-Sculpting zum Erfolg

Rachel Lorkin

KARL MÜLLER VERLAG

Titel der Originalausgabe: Body Sculpting
Übertragung aus dem Englischen: Karin-Jutta Hofmann
Lektorat: Susanne Kattenbeck

ISBN 3-86070-821-X

1 2 3 4 5 3 2 1 00 99

In liebevollem Gedenken an George E. Arrowsmith-Lorkin

Für Pauline, Melanie, Cecille, Edmund, Simon

Warnung

Lesen Sie alle Übungsanleitungen in diesem Buch sorgfältig durch. Wenn Sie schwanger sind oder gesundheitliche Probleme haben, ziehen Sie vor Trainingsbeginn einen Arzt zu Rate. Die Übungen und Ratschläge in diesem Buch sind von der Autorin und vom Verlag sorgfältig geprüft worden. Eine Haftung für etwaige Personen-, Sach- und Vermögensschäden kann jedoch nicht übernommen werden.

INHALT

WAS IST BODY-SCULPTING?

Body-Sculpting heißt, den Körper neu zu definieren, indem man ihn mithilfe von Gewichten kräftigt, formt oder Muskeln aufbaut. Es ist nicht nur ein optimaler Weg, die Figur zu kontrollieren, sondern verbessert auch die Haltung, steigert das Wohlbefinden und bringt neues Selbstbewusstsein.

Die Befürchtung, dass zu viel Muskelmasse aufgebaut wird, hält viele Frauen davon ab, Krafttraining zu machen. Dabei gibt es viele verschiedene Trainingsprogramme mit Gewichten und mindestens ebenso viele Arten zu trainieren. Es ist an der Zeit, die Vorurteile zu beseitigen, die über das Trainieren mit Gewichten entstanden sind. Durch herkömmliches Krafttraining bekommt man keine riesigen Muskelpakete und auch keinen Waschbrettbauch. Das schafft man nur durch stundenlanges, hartes Training und durch Einhalten einer strengen Diät. Dieses Buch will Ihnen zeigen, wie man in angemessener Weise mit Gewichten arbeitet, sodass Sie das Ergebnis wirklich sehen und fühlen können.

Der größte Vorteil von Body-Sculpting ist, dass jeder es tun kann, unabhängig davon, wie fit, alt oder talentiert man ist. Außerdem sieht man schon nach kurzer Zeit ein Resultat.
Mit Body-Sculpting kann man die Muskelkraft stärken, deshalb wird es schon seit Jahren von Physiotherapeuten bei der Krankengymnastik eingesetzt. In Kombination mit Gewichtheben stärkt Body-Sculpting auch die Körperzonen, die anfällig für Schwäche oder Verletzungen sind, wie zum Beispiel die Kniegelenke und der untere Rücken.
Krafttraining und Muskelaufbau werden in den Medien immer als typischer Männersport dargestellt. Doch allmählich entdecken auch Frauen die Vorteile des Arbeitens mit Gewichten. Bislang sind viele davor zurückgeschreckt, aus Angst, dass ihr Körper zu maskulin aussehen könnte. Dies ist eines von vielen Gerüchten, die nicht der Wahrheit entsprechen, und

„Body-Sculpting heißt, den Körper mithilfe von Gewichten zu straffen, zu formen und Muskeln aufzubauen."

obwohl heute wesentlich mehr Frauen ins Fitness-Studio gehen als früher, kursieren über das Krafttraining nach wie vor viele falsche Vorstellungen.
Das Bild, dass die ideale Frau klein, zart und feminin sein sollte, wird von der Mehrzahl der Männer, die in den Medien und in der Werbung den Ton angeben, hartnäckig aufrecht erhalten. Zum Glück wehren sich die Frauen in zunehmendem Maße gegen diese Stereotypisierung und dringen auch in der Berufswelt in Domänen ein, die bisher nur von Männern besetzt waren. Sie räumen nicht nur mit Vorurteilen auf, sondern setzen auch neue Maßstäbe, wie sie als Frauen wahrgenommen werden wollen.
Trotzdem gibt es noch immer viele falsche Auffassungen, wenn es um Frauen und Krafttraining geht. Deshalb sollen erst einige Missverständnisse beseitigt werden, bevor wir uns auf die Übungen konzentrieren.

Vorurteil eins

„Das Trainieren mit Gewichten verwandelt dich in ein Muskelpaket"

Es ist unheimlich schwierig für eine Frau, sich wie ein Mann in ein Muskelpaket zu verwandeln. Männern hilft dabei das körpereigene Hormon Testosteron, das zwar auch von der Frau produziert wird, aber in wesentlich geringerem Maße. Frauen haben im Normalfall viel kleinere Muskeln als Männer, und daran ist ihr körpereigenes Hormon Östrogen Schuld. Männer besitzen außerdem mehr Muskelmasse als Frauen, wohingegen Frauen mit etwas mehr Fettmasse „gesegnet" sind. Aus diesen Gründen wird es einer Frau nur schwer gelingen, wie ein Muskelpaket auszusehen, auch wenn sie extrem viel Body-Sculpting betreibt.

Vorurteil zwei

„Krafttraining macht dich unbeweglich"

Zum Trainieren mit Gewichten gehört, die Muskulatur mithilfe unterschiedlicher Bewegungen arbeiten zu lassen. Das verbessert die Beweglichkeit der Gelenke und der Muskeln. Bei einem guten Fitnessprogramm wird auch das Beweglichkeitstraining, wie Stretching vor und nach den Übungen, nicht vernachlässigt. Dadurch wird das Verletzungsrisiko verringert und die Flexibilität des Körpers erhöht.

Vorurteil drei

„Krafttraining macht die Beine dicker"

Tatsache ist, dass die Muskulatur unter bereits vorhandenem Fett wächst. Aber ein Trainingsprogramm, zu dem auch Aerobic und eine ausgewogene Ernährung gehören, lässt das Fett verschwinden und die Beine sogar schlanker aussehen.

Vorurteil vier

„Wenn du nicht mehr trainierst, verwandeln sich deine Muskeln in Fett"

Völliger Unsinn! Muskeln und Fett sind vollkommen verschieden und es ist physiologisch gesehen unmöglich, dass sich das eine in das andere verwandelt. Wenn man die Intensität des Krafttrainings reduziert oder sogar ganz damit aufhört, kann es allerdings passieren, dass der Körper den Überschuss an aufgenommenen Kalorien im Fettdepot einlagert. Deshalb sollte die Energie, die man zuführt, und die Energie, die man verbraucht, stets gut ausbalanciert sein.

Warum setzt man Gewichte ein, um in Form zu bleiben?

Aerobic (Kardiofitness) und Diäten reichen nicht aus, um den Körper zu formen. Aerobic ist besonders hilfreich beim Verbrennen von Kalorien, aber es kommt der Zeitpunkt, an dem die Wirksamkeit nachlässt, weil sich der Körper an die Anstrengung gewöhnt. Man kann dem entgegenwirken, indem man das Aerobictraining variiert oder die Intensität der Übungen steigert. Es mag schwierig sein, Ergebnisse dieses Trainings schon nach kurzer Zeit an sich festzustellen, aber auf lange Sicht kann man sich an der positiven Wirkung erfreuen.
Diät halten ist ein Weg, um überflüssige Pfunde los zu werden, und die Waage meldet auch schon nach kurzer Zeit den ersten Erfolg. Oft scheint es ganz leicht zu sein, seine angefutterten Kilos abzuhungern, aber leider haben viele Diäten einen so genannten „Jojo-Effekt": Man verliert zwar schnell Gewicht, das man auf längere Sicht jedoch wieder zunimmt (und meistens sogar noch etwas mehr). Diät halten ist auch keine besonders angenehme Art, sein Aussehen zu kontrollieren. Es stört das Wohlbefinden, denn normalerweise macht es keinen Spaß, sich immer wieder das Essen zu versagen, das einem schmeckt. Was noch schlimmer ist, Diät halten kann auch zu einer Sucht werden und zu schweren Krankheiten wie Bulimie oder Magersucht führen. Außerdem verbessert es weder die körperliche Spannkraft noch steigert es den Aufbau der Muskeln, durch den unser Körper dazu angeregt wird, mehr Kalorien zu verbrennen.

Wie wirkt Body-Sculpting?

Es vergrößert die Muskelmasse, die den Körper formt und stützt
Body-Sculpting baut die Stützmuskulatur auf und verbessert dadurch Körperspannung und -form. Es kann auch nur für spezielle Partien eingesetzt werden, das heißt, Sie können die Teile Ihres Körpers trainieren, die sie formen wollen. Diät allein kann nicht „punktgenau" Fett reduzieren, aber wenn Sie maßvolles Essen, Aerobic und Body-Sculpting kombinieren, werden Sie bedeutsame Veränderungen an sich feststellen.

Body-Sculpting wirkt dem Alterungsprozess entgegen
Ungefähr ab einem Alter von 18 Jahren beginnt der Körper langsam zu degenerieren. Das Muskelgewebe nimmt ab, das Fettgewebe dagegen zu, und genau das lässt uns älter aussehen.

Die Übungen beim Body-Sculpting sind so angelegt, dass das Wachstum der Muskeln stimuliert und die Masse der Stützmuskulatur aufgebaut wird. So kann es den Alterungsprozess ein wenig in Grenzen halten.

Body-Sculpting ist für jeden Typ geeignet
Kein Mensch ist mit einem anderen Menschen hundertprozentig identisch. Die Erbanlagen spielen zum Beispiel bei unserem Aussehen, unserer Größe und der Augenfarbe eine entscheidende Rolle. Außerdem bestimmen sie auch den Körperbau. Wie man aussieht, welchen Körperbau man hat, all das wurde also bereits vor der Geburt genau festgelegt. Deshalb sollten Sie sich nicht länger wünschen, Sie wären größer oder kleiner – seien Sie vielmehr zufrieden mit Ihrem Körper und machen Sie einfach das Beste daraus!

Kann man durch Body-Sculpting Fett ab- und Muskeln aufbauen?

Die einfache Antwort lautet: „ja". Man darf nicht denken, dass sich durch eine gedrosselte Fettzufuhr automatisch das Körperfett reduziert. Es ist zwar allgemein bekannt, dass eine Diät beim Abbau von Fett hilfreich sein kann, sie kann aber auch die wichtige Stützmuskulatur angreifen. Dadurch sinkt die körpereigene Fettverbrennung, sodass die erzielten Erfolge einer Diät meist nur von kurzer Dauer sind. Eine Diät macht außerdem oftmals müde und lethargisch. Das ist ein Zeichen dafür, dass die Muskeln nicht das erhalten, was sie benötigen. Der Körper hilft sich dann mit einem Trick. Die Zellen sagen nicht: „Keine Nahrung da, dann lasst uns möglichst schnell alle Energie verbrennen, die wir zur Verfügung haben", sondern sie sagen: „Keine Nahrung heißt, dass wir möglichst langsam arbeiten müssen, damit wir nicht zu viel Energie verlieren".
Sowohl Muskeln als auch Fettzellen brauchen Energie, um ihre Aufgaben erfüllen zu können. Muskelgewebe benötigt mehr Kalorien für seine Arbeit als Fettgewebe. Je größer die Muskelmasse ist, desto höher ist der Kalorienumsatz des Körpers.
Body-Sculpting hat verschiedene Effekte auf die Muskeln:
- Die Muskelkraft nimmt zu, das heißt die Muskulatur wird wesentlich leistungsfähiger und kann größere Widerstände über einen längeren Zeitraum überwinden.
- Die Grundspannung der einzelnen Muskeln (Muskeltonus) wird erhöht, der Muskel und das Gewebe, das ihn umgibt wird gestrafft.
- Je nach Intensität des Trainings nimmt die Muskelmasse zu.

Hierbei spielt es keine Rolle, wie alt oder wie fit Sie sind, oder ob Sie schon einmal trainiert haben oder erst beginnen möchten: Krafttraining ist für jeden geeignet.
Weitere Vorteile von Body-Sculpting sind eine verbesserte Haltung, ein gesteigertes Selbstvertrauen, das Gefühl, etwas erreicht zu haben, und letztendlich die Gelegenheit, Menschen mit ähnlichen Interessen und Zielen kennen zu lernen.

STRAFFEN ODER AUFBAUEN?

Sie möchten Krafttraining machen, aber Sie wissen noch nicht, welches Ziel Sie sich setzen sollen? Kein Problem – viele Programme können individuell gestaltet werden. Sie müssen jedoch die Zeit und die Energie, die Sie für Ihr Training aufbringen können, realistisch einschätzen. Wenn Sie nur ein paar Stunden pro Woche trainieren, können Sie nicht erwarten, irgendwann wie ein Bodybuilder auszusehen. In diesem Kapitel erfahren Sie, welches Training Sie mit Gewichten absolvieren können, wie der Körper arbeitet und welche Erfolge man mit Body-Sculpting erzielt.

Was ist eigentlich Krafttraining?

Sicher kennen Sie Gewichtheben aus den Sportsendungen im Fernsehen oder Sie haben schon von Veranstaltungen gehört, bei denen Bodybuilder ihre Muskeln präsentieren. Wahrscheinlich finden Sie weder das eine noch das andere attraktiv, Sie dürfen jedoch nicht vergessen, dass es sich hierbei auch um zwei extreme Formen handelt, die aus dem Trainieren mit Gewichten resultieren können.
Die meisten Sportler (Profis und Amateure) aus allen Bereichen wie Schwimmer, Tennisspieler, Fußballer oder Radfahrer üben irgendeine Form von Krafttraining aus. Marathonläufer stärken damit zum Beispiel ihre Beine, während Tennisspieler sich auf Arme und Oberkörper konzentrieren, um ihre Schlagkraft zu erhöhen. Diese Athleten wirken sicher nicht wie Muskelprotze. Auch Sie werden nicht maskuliner aussehen, wenn Sie Body-Sculpting betreiben.
Um sich eine bessere Vorstellung machen zu können, finden Sie in nachfolgendem Glossar Begriffe, die häufig missverstanden werden.

Gewichtheben
Ein Wettbewerbssport, der extreme Kraft und Konzentration erfordert. Es gibt zwei Techniken, die man als „Reißen" bzw. „Stoßen" bezeichnet. Professionelle Gewichtheber trainieren sehr hart und verfügen über eine äußerst hohe Muskelkraft.

Powerlifting (Kraftdreikampf)
Ähnlich wie beim Gewichtheben sind beim Powerlifting im Wettbewerb drei Hebetechniken zugelassen: Kniebeugen, Bankdrücken und Kreuzheben (wir werden uns in späteren Kapiteln mit diesen Übungen beschäftigen). Gewichtheber und Powerlifter haben für gewöhnlich ähnliche genetische Merkmale, wie zum Beispiel kurze Gliedmaßen. Sowohl beim Gewichtheben als auch beim Powerlifting wird mit schweren Gewichten, wenig Wiederholungen und langen Ruhephasen gearbeitet.

Bodybuilding
Bodybuilding ist ebenfalls ein Wettbewerbssport, bei dem Muskelgröße und -porportion (Symmetrie) entscheidend sind. Auf Kraft wird weniger Wert gelegt, auch wenn viele Bodybuilder extrem stark sind.
Beim Training wird darauf geachtet, dass möglichst viele Muskelgruppen bearbeitet werden. Wegen der außerordentlichen Härte des Trainings benötigt man sehr viel Motivation und Unterstützung, um ein Weltklasse-Bodybuilder zu werden. Erfolgreiche Bodybuilder haben wenig Körperfett, aber sehr viel

Durchhaltevermögen, da sich das Training über einen langen Zeitraum erstreckt. Beim Bodybuilding wird mit mittelschweren Gewichten und einer hohen Wiederholungsrate gearbeitet. Die Pausen zwischen den Einheiten (mehrere Wiederholungen ohne das Gewicht abzulegen) sind nur kurz.

Muskeltraining
Wettbewerbsathleten trainieren ihre Muskeln, um ihre sportliche Leistung zu steigern. Es gibt Hunderte von Trainingsprogrammen, zu denen auch Body-Sculpting zählt. Ziel dieser Trainingsmethode ist es, die Muskelmasse zu erhöhen und das Körperfett zu reduzieren. Dies geschieht vor allem durch kräftigende Bewegungen, die mehrmals wiederholt werden.

Prinzipien des Trainierens mit Gewichten

Überbelastung
Das grundlegende Prinzip jeglichen Krafttrainings ist die Überbelastung. Das bedeutet, dass die Muskeln gezwungen werden, gegen eine größere Kraft zu arbeiten, als sie es gewohnt sind. Ein Muskel wächst bei großem Gewicht und wenig Wiederholungen. Körperfett wird reduziert durch viele Wiederholungen mit geringem Gewicht. Ein gut durchdachtes Trainingsprogramm sollte die Balance zwischen beiden zum Ziel haben.

Krafttraining
Das eigentliche Krafttraining, bei dem man schwere Gewichte mit wenig Wiederholungen hebt, ist dem Gewichtheben oder Powerlifting ähnlich. Man führt jedoch mehr unterschiedliche Übungen aus, sodass das Trainingsprogramm wesentlich umfangreicher ist als beim Gewichtheben oder Powerlifting.

Muskel-Ausdauer-Training
Bei dieser Art des Trainings müssen Sie entscheiden, welches Gewicht Sie zum Ausführen einer Übung heben können. Am Anfang verwenden Sie nur die Hälfte des Maximalgewichts und führen damit ein Minimum von drei Übungseinheiten aus, wobei jede Einheit durchschnittlich 14- bis 16-mal wiederholt werden sollte. Sobald Sie sich für diese Übungen nicht mehr anstrengen müssen, erhöhen Sie das Gewicht oder die Anzahl der Übungseinheiten.
Wenn Sie mit einem Body-Sculpting-Programm beginnen, sollten Sie zunächst nur leichte bis mittelschwere Gewichte verwenden und drei Einheiten mit jeweils zehn Wiederholungen ausführen. Sie können sich dadurch besser auf die Muskelgruppe konzentrieren, die Sie gerade bearbeiten, und auf Ihre Haltung oder auf die korrekte Hebetechnik achten.
Sobald Sie ein Gefühl dafür entwickelt haben, wie Ihr Körper arbeitet, können Sie entscheiden, mit welchem Programm Sie sich intensiver befassen möchten.

Verständnis für den Körper und seine Arbeitsweise

Um die Auswirkungen besser zu verstehen, die das Training auf den Körper hat, sollte man sich ein wenig mit seinem Aufbau und seiner Arbeitsweise auseinander setzen. Dazu muss man kein Fachmann sein, es soll nur helfen, Wahrheit von Fiktion zu unterscheiden. Den Körper zu kennen heißt auch, über seine Grenzen Bescheid zu wissen, sodass man in der Lage ist, ein optimales Trainingsprogramm für sich zu entwickeln.
Der menschliche Körper kann mit einer äußerst komplizierten Maschine verglichen werden, obwohl er aus einer ganz einfachen Struktur besteht, der Zelle. Zellen sind die Hauptbausteine, durch die der Körper wächst und sich entwickelt. In den Zellen laufen komplexe biochemische Vorgänge ab, die es uns zum Beispiel ermöglichen, zu wachsen, Nahrung zu verdauen, uns zu bewegen und uns fortzupflanzen. Zellgruppen vereinigen sich und bilden Gewebe, Organe und Organsysteme. Die wichtigsten Systeme für das Body-Sculpting sind das Skelett, die Muskulatur und die Gefäße.

Das Skelett

Unser Skelett besteht aus 208 bis 214 Knochenteilen. Es bildet das Stützgerüst für unseren Körper, wobei die Knochen die empfindlichen Organe schützen, bei den Bewegungen des Körpers helfen und rote Blutkörperchen produzieren. Knochen sind lebende Organe, die sich mit zunehmendem Alter verändern.
Eine der größten Sorgen, die vor allem Frauen betrifft, ist die knochendegenerierende Krankheit Osteoporose. Sie wird durch einen Mangel an Kalzium hervorgerufen, sodass die Knochen kein neues Knochengewebe bilden können. Dadurch nimmt die Knochenmasse ab, die Knochen werden porös und können schon bei geringer Belastung brechen. Studien haben gezeigt, dass sich das Krankheitsrisiko bei Frauen verringert, die eine durch Gewichte unterstützte Sportart (zum Beispiel Gehen, Joggen, Aerobic) ausüben. Außerdem können die Auswirkungen bei bereits erkrankten Personen deutlich reduziert werden, wenn die Krankheit frühzeitig diagnostiziert wird.

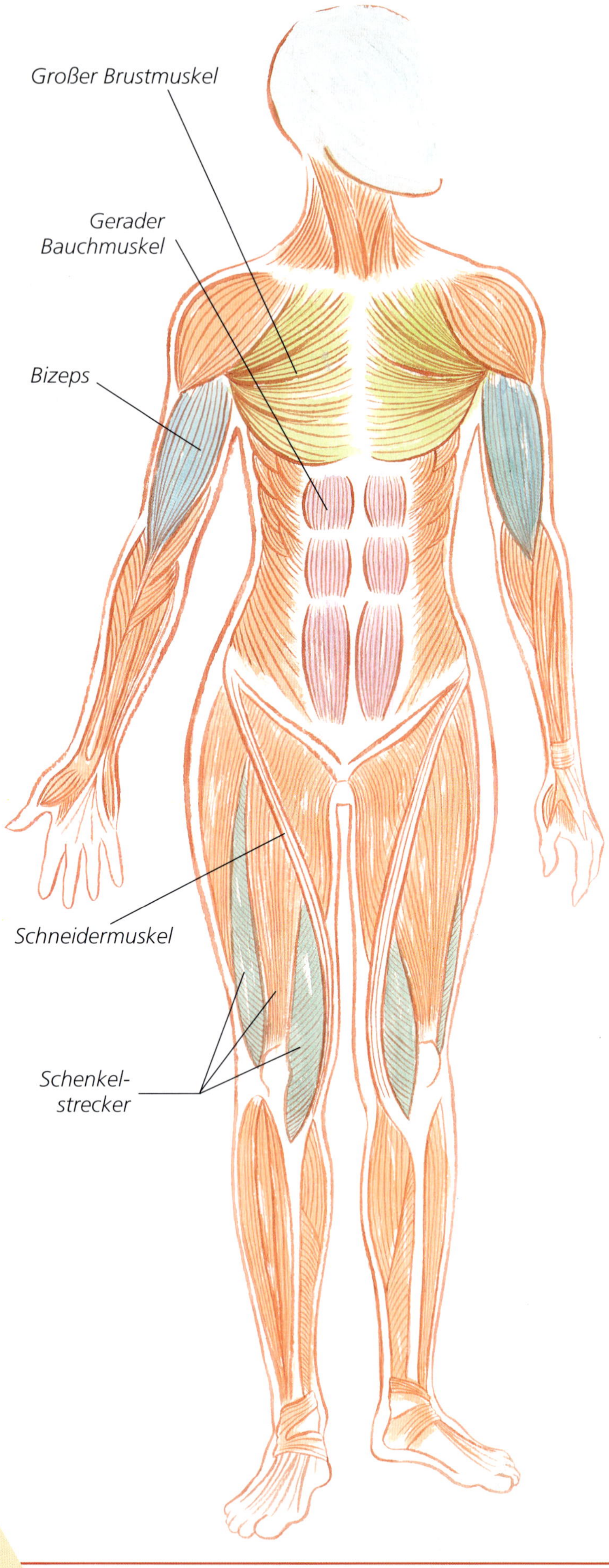

Gelenke
Das sind die Punkte, an denen zwei oder mehr Knochen aufeinander treffen. Die Gelenke, mit denen man sich beim Body-Sculpting überwiegend befasst, sind Knie, Ellbogen, Hüfte und Schulter. Knie und Ellbogen sind Scharniergelenke, Schulter und Hüfte dagegen Kugelgelenke. Ein Scharniergelenk erlaubt keine großen Seitwärtsbewegungen, es lässt sich nur beugen und strecken. Das Kugelgelenk dagegen ist wesentlich flexibler, da es auch seitwärts bewegt werden kann.

Die Muskulatur

In unserem Körper arbeiten über 600 Muskeln, die meisten davon brauchen wir, um uns bewegen zu können. Es gibt drei verschiedene Arten von Muskeln: die glatte Muskulatur (Hohlorgane zum Beispiel im Darm und in Blutgefäßen), die quer gestreifte Muskulatur (zum Beispiel in den Beinen) und die Herzmuskulatur. Die quer gestreiften Muskeln können willkürlich bewegt werden. Sie kontrahieren (verkürzen sich) oder entspannen (dehnen) sich. Um einen Knochen zu bewegen, müssen sich ein oder mehrere Muskeln (Agonisten) zusammenziehen, während sich andere Muskeln (Antagonisten) dehnen. Eine effektive Bewegung erfordert daher Kraft beim Agonisten und perfekte Koordination mit dem Antagonisten. Beim Body-Sculpting geht es hauptsächlich um die Skelettmuskulatur, die etwa 35 bis 40 % unseres Körpergewichts ausmacht.
Skelettmuskeln enthalten kontraktionsfähige Fasern, die das Zusammenziehen der Muskeln beim Training bewirken. Es gibt zwei Arten von Muskelfasern: langsam zuckende und schnell zuckende. Die lang-

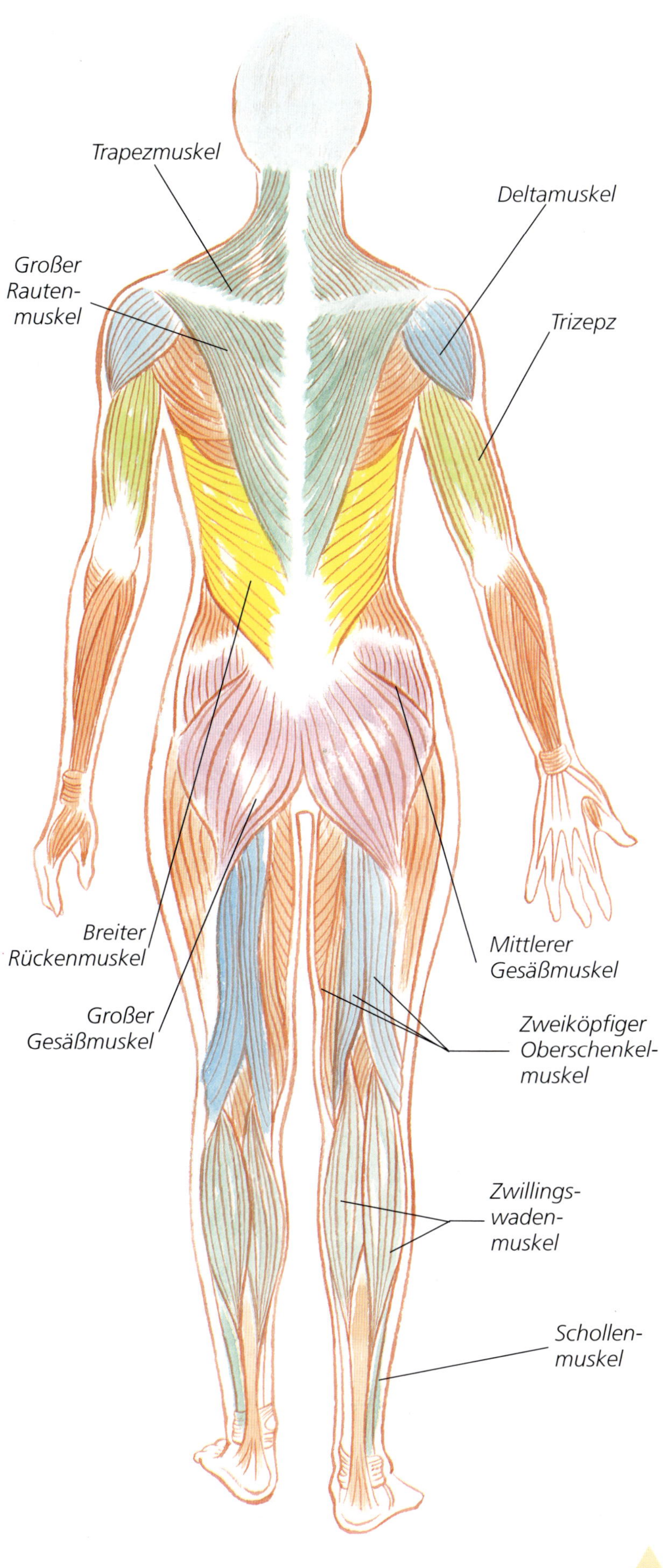

sam zuckenden Fasern ermüden langsam und werden daher bei Ausdauersportarten wie Marathon und Langstreckenschwimmen benötigt. Die schnell zuckenden Fasern dagegen reagieren schnell auf Stimulation, ermüden aber auch wesentlich schneller. Deshalb versuchen Ausdauerathleten, eine größere Anzahl langsam zuckender Muskelfasern aufzubauen, während sich zum Beispiel Powerlifter verstärkt schnell zuckende Fasern antrainieren. Muskeln können sich auf verschiedene Arten zusammenziehen, die als isometrisch, isotonisch und isokinetisch bezeichnet werden. Diese drei Kontraktionsarten spielen beim Body-Sculpting eine wichtige Rolle.

Methoden des Muskeltrainings

Isometrisches Training

Beim isometrischen Training werden keine Gelenke bewegt. Wie ist das möglich? Energie wird benötigt, um eine Kontraktion herbeizuführen, und es werden Kalorien verbrannt, um diese Kontraktion aufrechterhalten zu können. Man kann dies nachvollziehen, wenn man zum Beispiel seine Hände vor der Brust zusammenführt und die Handflächen aneinander drückt. Man kann fühlen, wie die Muskeln in Brust, Schulter und im Oberarm hart werden, obwohl vom Ellbogengelenk keinerlei Bewegung durchgeführt wird.
Dies ist für Body-Sculpting allerdings kein effektiver Weg zu trainieren, da man hierbei an einem Muskel arbeiten will, indem man seine maximale Bewegungsmöglichkeit nutzt. Es ist vor allem für Sportler geeignet, die eine bestimmte Stellung über einen längeren Zeitraum durchhalten müssen, wie es etwa beim Windsurfen der Fall ist. Außerdem soll isometrisches Training auch einen positiven Effekt auf den Blutdruck haben.

Isotonisches Training

Isotonisch bedeutet so viel wie „gleiche Anspannung". Das heißt, dass Muskeln eine Anspannung oder Kraft entwickeln, wenn sie eine Last heben. Die Kraft, die der Muskel entwickelt, ist variabel und hängt von dem Beugungswinkel des Gelenks ab sowie von der Effizienz der Hebelwirkung am Gelenk. Von isotonischer Kontraktion spricht man, wenn Muskelkraft entwickelt wird, indem man während einer Reihe von Bewegungen stets eine konstante Last hebt.

Isokinetisches Training

Isokinetische Übungen erfordern eine spezielle Ausstattung, die Geschwindigkeit und Widerstand konstant hält und die Muskelentwicklung während einer

Reihe von Bewegungen fördert. Dabei wird der Muskel während der Übungen stets überbelastet. Die benötigte Ausstattung ist relativ teuer, deshalb sollten Sie nicht überrascht sein, wenn Sie solche Geräte nicht in Ihrem Fitness-Studio finden.

Der Herz-Lungen-Kreislauf

Der Mensch kann ohne Sauerstoff nicht leben, da dieser für die Zellaktivität benötigt wird. Herz und Lunge koordinieren die Sauerstoffzufuhr zu den Körperzellen und helfen bei der Beseitigung der Abfallprodukte. Der Lungenkreislauf führt sauerstoffarmes Blut von der rechten Herzseite über die Lungenarterie in die Lunge, wo es mit Sauerstoff angereichert wird. Dieses Blut wird dann über die Lungenvenen zur linken Herzseite zurückgeführt. Das Herz pumpt das Blut anschließend in Muskeln und Organe.
Intensives Training steigert den Bedarf der Zellen nach Sauerstoff und dem Beseitigen der Abfallprodukte. Das Herz muss schneller schlagen und mehr Sauerstoff aufnehmen. Wenn nicht genügend Sauerstoff zur Muskulatur gelangt, ermüdet sie und kontrahiert nicht mehr. Kraftvolles und langes Trainieren bringt daher das Herz dazu, mit möglichst geringer Belastung ausreichend Sauerstoff in den Körper zu pumpen. Wenn das Herz seine Fähigkeit, dem Körper Sauerstoff zuzuführen, verbessert, muss es nicht mehr so oft pro Minute schlagen, und zwar gilt das nicht nur während des Trainings, sondern auch während der Ruhephasen. Viele Menschen denken, dass sie einen höheren Grundumsatz haben, je schneller ihr Herz im Ruhezustand schlägt. Das ist jedoch falsch, es gilt vielmehr: je niedriger der Ruhepuls, desto besser.
Um die Effizienz des Herzens zu steigern, ist es nötig, die Herzschlagrate beim Konditionstraining zum Beispiel beim Aerobic über die normale Kapazität hinaus zu steigern. Diese errechnen Sie wie folgt: 220 Schläge pro Minute minus Ihr Alter mal 55 %. Das Ergebnis ist das Minimum Ihres Normalbereichs. Wenn Sie die 55 % durch 80 % ersetzen, erhalten Sie das Maximum Ihrer Kapazität. Sie sollten darauf achten, dass sich Ihr Herzschlag beim Training innerhalb dieser Grenzwerte bewegt. Zur Veranschaulichung ein Beispiel:

Sarah ist 35 Jahre alt und hat bisher noch nicht trainiert:

220 – 35 = 185
185 x 0,55 = 101
185 x 0,8 = 148

Nach dieser Grundregel sollte sie also ihr Training mit einer Herzschlagrate von 101 beginnen und allmählich so steigern, dass sie schließlich bei 148 Schlägen pro Minute liegt.
Mit folgender Formel, die auch den Herzschlag im Ruhezustand berücksichtigt, kann die Herzschlagrate noch individueller festgelegt werden.

Sarahs Ruhepuls liegt bei 75:

220 – 35 = 185
(185 – 75) x 0,55 = 60,5
(185 – 75) x 0,8 = 88

Wenn man berücksichtigt, dass Sarah noch nie trainiert hat, überschätzt die zuerst aufgeführte Grundregel ihren effektiven Trainingslevel, Letztere hingegen schätzt Sarahs Leistungsfähigkeit wesentlich realistischer ein.
Damit das Training wirklich etwas für den Herz-Lungen-Kreislauf bringt, sollten Sie innerhalb Ihrer errechneten Grenzen mindestens dreimal pro Woche 20 bis 40 Minuten üben (so empfiehlt es das amerikanische College für Sportmedizin). Aber auch, wenn Sie nicht mehr als 15 Minuten Zeit erübrigen können, sollten Sie mit dem Training beginnen, denn das ist besser, als nichts zu tun!

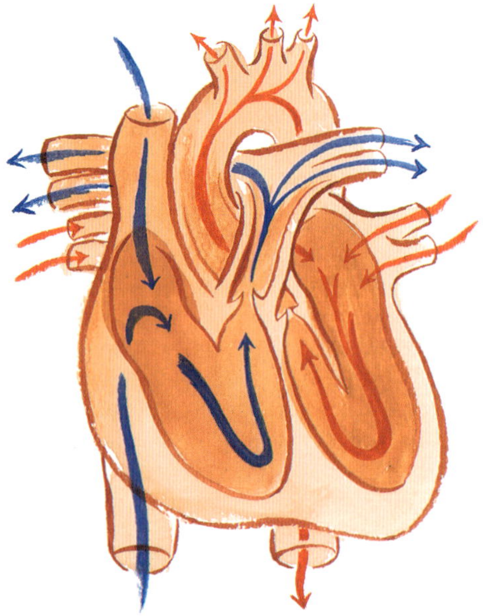

- *sauerstoffreiches Blut*
- *sauerstoffarmes Blut*

Trainingsmethoden

Einer der entscheidenden Vorteile von Body-Sculpting ist, dass es individuell auf den Einzelnen zugeschnitten werden kann. Manche Menschen reagieren auf die eine oder andere Trainingsmethode besser als andere. Die folgende Aufstellung soll eine Richtlinie für Ihr Training und die optimale Belastung Ihrer Muskulatur sein.

Die Pyramide
Bei dieser Übung wird das Gewicht von Einheit zu Einheit oder von einer Wiederholung zur anderen erhöht, wobei man dann jedoch die Zahl der Wiederholungen reduziert. Wenn Sie sich zum Beispiel entschließen, dass Sie beim Bankdrücken in der ersten Einheit zehn Wiederholungen mit 20 kg machen möchten, dann sollten Sie bei der zweiten Einheit acht Wiederholungen mit 25 kg ausführen und bei der dritten Einheit sechs Wiederholungen mit 30 kg.

Die umgekehrte Pyramide
Bei dieser Methode steigert man die Zahl der Wiederholungen, während man das gehobene Gewicht vermindert.

Erzwungene Wiederholungen
Wenn man erzwungene Wiederholungen durchführt, braucht man in jedem Fall einen Spotter (Aufpasser), der einem zur Seite steht und notfalls sofort helfen kann, wenn die Muskelkraft nachlässt und man sich trotzdem zwingt, die Übungseinheit zu Ende zu bringen.

Super-Einheit
Eine Methode, bei der man zwei Übungen hintereinander ohne Pause ausführt. Man kann Übungen für eine Muskelgruppe wählen, wie zum Beispiel die Brustmuskulatur oder für gegenüberliegende Muskeln wie Bizeps und Trizeps.

Blitzangriff
Beim Blitzangriff wird während einer Trainingseinheit ein spezieller Muskel bis zur totalen Ermüdung mit Übungen „bombardiert".

Wie oft sollte man trainieren?

Das bleibt Ihnen und Ihrem Terminkalender überlassen. Sie sollten jedoch versuchen, regelmäßig und stets zur gleichen Zeit zu trainieren, denn Untersuchungen haben bewiesen, dass Körper und Geist sich darauf einstellen und immer zu diesen Zeiten leistungsfähiger sind.
Wenn Sie es jedoch schaffen, pro Trainingseinheit jeweils etwa eine Stunde zu investieren, sollten Sie bestimmte Muskelgruppen miteinander kombinieren. Die folgenden Beispiele zeigen Ihnen wie ein durchdachtes Training aussehen könnte:

1. Zweimal pro Woche, zum Beispiel Montag und Donnerstag:
   1. Tag – Rücken, Bizeps, Beinbizeps (zweiköpfiger Oberschenkelmuskel) und Waden
   2. Tag – Brust, Trizeps, Quadrizeps (Schenkelstrecker) und Schulter

2. Dreimal pro Woche, zum Beispiel Montag, Mittwoch und Freitag:
   1. Tag – Rücken, Bizeps
   2. Tag – Brust, Schulter und Trizeps
   3. Tag – Beine

3. Viermal pro Woche zum Beispiel Montag, Dienstag, Donnerstag und Freitag oder Samstag, Sonntag, Dienstag und Mittwoch:
   1. Tag – Brust, Rücken und Quadrizeps (Schenkelstrecker)
   2. Tag – Bizeps, Trizeps und Beinbizeps (zweiköpfiger Oberschenkelmuskel)
   3. Tag – Rücken, Bizeps und Schulter
   4. Tag – Brust, Trizeps und Beine

Eine Trainingseinheit besteht immer aus drei Phasen: Aufwärmen, Training mit den Gewichten und Abkühlen. Für Aufwärmen und Abkühlen sollten Sie jeweils 10 Minuten einplanen, für das eigentliche Training etwa 40 Minuten.
Verzichten Sie niemals auf eine dieser Phasen, denn jede erfüllt eine wichtige Aufgabe. Das Aufwärmen bereitet den Körper auf die Leistung vor, die er anschließend erbringen muss, in der Hauptphase werden verschiedene Muskelgruppen gezielt trainiert und beim Abkühlen kommt der Körper durch Entspannungs- und Dehnübungen wieder zur Ruhe.

Die Intensität des Trainings

Die Trainingsintensität können Sie steigern durch:

- Erhöhen der Gewichte
- Mehr Wiederholungen
- Steigerung der Trainingsgeschwindigkeit.

Wenn Sie die Trainingsform finden, die Ihnen besonders viel bringt, sind Sie schon fast am Ziel.

> Denken Sie daran: Muskeln bilden sich nicht von heute auf morgen! Nur durch einen gewissen Zeitaufwand und durch gezieltes Training erreichen Sie das gewünschte Ergebnis. Sagen Sie sich immer wieder, dass Sie bereits auf dem Weg zu einem wunderschönen Körper sind.

VORBEREITUNGEN

Viele Menschen stellen sich ein Fitness-Center folgendermaßen vor: Muskelbepackte Männer und Frauen arbeiten mit ernster Miene an Furcht einflößenden Geräten. Das stimmt natürlich nicht. Ein Fitness-Studio ist vielmehr ein Ort der Begegnung in entspannter Atmosphäre. Hier bietet sich eine Gelegenheit, Menschen kennen zu lernen, die ein gemeinsames Interesse haben: ihre Gesundheit. In diesem Kapitel finden Sie Richtlinien, wie Sie das richtige Fitness-Center auswählen, sowie Informationen über die Geräte, die Ihnen zur Verfügung stehen.

Bevor Sie mit dem Fitnesstraining beginnen, sollten Sie die Zustimmung eines Arztes einholen. Das ist vor allem wichtig, wenn Sie einmal an einer langwierigen Krankheit gelitten haben. Sie sollten Ihrem Arzt gegenüber alle gesundheitlichen Probleme, wie zum Beispiel hoher Blutdruck, Diabetes, Rücken- und Nackenbeschwerden, Arthritis oder Asthma erwähnen. Er kann Ihnen dann ein Trainingsprogramm empfehlen, das auf Ihre Bedürfnisse zugeschnitten ist.

Was benötigen Sie zum Trainieren?

Wenn Sie sich dazu entschließen, ernsthaft mit Body-Sculpting oder einem anderen Aufbauprogramm zu beginnen, müssen Sie entweder in ein Fitness-Center gehen oder sich Geräte zulegen, an denen Sie mit Gewichten trainieren können. Wofür Sie sich entscheiden, hängt vor allem von Ihrer Geldbörse ab.

Die Vorteile des Fitness-Centers sind die Geräteauswahl, eine motivierende Atmosphäre und Ansprechpartner, die Ihnen behilflich sind. Nachteile können sein, dass das Studio überfüllt ist, dass Sie der Lärm nervt (oft wird viel zu laute Musik gespielt) und dass die Beiträge zu hoch sind.

Aber auch das Trainieren zu Hause hat Vorteile: Sie können üben, wann Sie wollen, und Sie bezahlen nicht für Extras, die Sie in einem Fitness-Center vielleicht gar nicht in Anspruch nehmen würden, wie zum Beispiel die Sauna oder das Solarium. Es sind allerding auch Nachteile zu bedenken: Sie müssen für die Anschaffung der Geräte zunächst tief in die Tasche greifen, Sie nehmen sich vielleicht nicht regelmäßig die Zeit zum Trainieren und verlieren rasch die Motivation, da Ihnen der Vergleich mit Trainingspartnern fehlt.

Wofür Sie sich entscheiden bleibt letztendlich Ihnen überlassen, aber bitte fallen Sie nicht dem Syndrom: „Ich muss erst einmal ‚in Form' kommen, damit ich ins Fitness-Center gehen kann", zum Opfer, denn dann werden Sie nie mit dem Training beginnen!

So finden Sie das richtige Fitness-Studio

- Lassen Sie sich bei Ihrem ersten Besuch eines Fitness-Studios nicht zum Unterschreiben eines langwierigen Vertrags überreden. Schließen Sie nur eine kurze Mitgliedschaft ab und erwerben Sie erst einmal ein Gefühl für die Atmosphäre und die Menschen, die ein Fitness-Center besuchen. Manche Studios bieten ein kostenloses Probetraining

„Beginnen Sie mit einem Basisprogramm, um sich mit dem Heben von Gewichten vertraut zu machen."

an oder, was noch besser ist, ermöglichen Interessenten die Teilnahme an einem Einführungsprogramm.

- Wenn es mehr als ein Fitness-Center in Ihrer Nähe gibt, schauen Sie sich alle an und absolvieren Sie dort ein Probetraining, wo Sie sich am wohlsten fühlen.

- Ist das Studio sauber und gut geführt? Ist das Personal freundlich, hilfsbereit und gut ausgebildet? Gibt es zu viele Geräte und nur wenig freie Gewichte? Sehen die Geräte gepflegt und gewartet aus? Gibt es einen Ort, an dem man den Kontakt mit anderen Besuchern pflegen kann? Falls Sie Kinder haben: Gibt es einen beaufsichtigten Kinderhort?

- Wenn Sie Anfänger sind, sollten Sie nach einem Einführungsprogramm fragen, bei dem Ihnen das Personal die Handhabung der Geräte erklärt. Die Trainer sollen auch in der Lage sein, ein speziell für Sie zugeschnittenes Übungsprogramm zu entwerfen.

- Setzen Sie sich durch. Genieren Sie sich nicht, zu sagen, dass Sie ernsthaft trainieren wollen. Lassen Sie sich nicht zu etwas anderem überreden oder gar entmutigen. Aber bleiben Sie realistisch: Auch wenn sie das Aussehen eines Bodybuilders erreichen möchten, aber noch nie in Ihrem Leben mit Gewichten trainiert haben, müssen Sie erst die Grundlagen des Trainierens mit Gewichten erlernen, um eine gewisse Sicherheit im Umgang mit Hanteln zu erlangen.

Die Art der Ausstattung, die Sie benutzen

An den Geräten und der Ausrüstung eines Fitness-Centers ist nichts Geheimnisvolles. Sobald Sie, wie bei jedem anderen Sport, mit dem Fachjargon vertraut sind, ist der Rest ein Kinderspiel.
Bei der Ausstattung unterscheidet man zwischen zwei grundlegenden Typen: freie Gewichte und Maschinen. Sie können zwischen beiden wählen, aber bei einem ausgewogenen Trainingsprogramm benutzt man beides. Es wird viel darüber spekuliert, was nun die Muskeln schneller aufbaut und den Körper formt. Bei den Maschinen sind die Bewegungen eingeschränkter und kontrollierter. Die freien Gewichte hingegen erlauben eine größere Anzahl an Bewegungen. Je nachdem, was Sie mit dem Training erreichen möchten, ist das Arbeiten an Maschinen oder mit freien Gewichten vorteilhafter.

Freie Gewichte

Die Standardausstattung an freien Gewichten besteht aus Langhanteln und Kurzhanteln. Langhanteln haben an jedem Ende Gewichte, die man Scheiben nennt und die sich abnehmen lassen. In den meisten Fitness-Centern stehen auf Ständern Langhanteln mit unterschiedlichen Gewichten zur Verfügung, sodass Sie keine Scheiben hinzufügen oder wegnehmen müssen.

Viele Fitness-Studios bieten so genannte „Olympische Hanteln" an, die etwa 20 kg wiegen. Man verwendet sie auf den Olympischen Bänken zum Bankdrücken, zur Kniebeuge und zum Kreuzheben. Wahrscheinlich sind Ihnen die Olympischen Hanteln am Anfang zu schwer, darum arbeiten sie daran, dass Sie sie später einmal benutzen können. Manchmal ist es jedoch einfacher, eine Olympiahantel mit nur einer oder zwei Scheiben zu benutzen, als eine Langhantel mit fünf oder mehr Scheiben an jedem Ende.

Kurzhanteln sind Miniaturausgaben der Langhanteln. Es gibt sie in 1 kg, 2 kg, 3 kg und 5 kg Ausführungen und dann in 2-kg-Schritten bis hin zu 40 kg. Für viele Frauen ist der hohe Gewichtsunterschied nur schwer zu überwinden. Von einer 10 kg Hantel auf eine 15 kg Hantel zu wechseln ist schon eine Herausforderung. Bei einigen Übungen, zum Beispiel für den Trizeps, kann man alternativ zu den Kurzhanteln auch nur mit Scheiben arbeiten. Manche Kurzhanteln sind jedoch auch zuladbar, sodass sich die hohen Gewichtsunterschiede mit leichteren Scheiben etwas abmildern lassen.

Maschinen

Maschinen gibt es in allen Größen und Formen. Meist wird die Zugkraft über Gewichtsblöcke oder durch hydraulischen Druck reguliert.

Welche Kleidung wird benötigt?

Die Herstellung von Fitnesskleidung ist mittlerweile eine boomende Industriebranche geworden, wobei die Entwicklung der Lycra-Faser eine bedeutende Rolle spielte.

Es ist jedoch nicht nötig, zum Krafttraining eine spezielle Kleidung zu tragen. Sie sollte dem Körper nur genügend Bewegungsfreiheit bieten und möglichst saugfähig sein.

Schuhwerk

Am besten geeignet sind feste Sportschuhe mit rutschfester Sohle, da man sich schnell die Zehen an herumliegenden Gewichten stößt oder einem vielleicht sogar die Hantel aus der Hand rutscht. Trainieren Sie niemals barfuß!

Weitere praktische Ausrüstungsgegenstände

Handschuhe: Sie sind nicht unbedingt notwendig für das Krafttraining, aber sehr hilfreich für einen festen Halt an Hanteln und Maschinen. Außerdem können sie der Entstehung von Blasen an den Händen vorbeugen.

Gewichthebergürtel: Damit stützen Sie den unteren Rücken beim Heben von schweren Gewichten.

Wasserflasche: Auf jeden Fall sollten Sie eine Flasche Wasser ins Fitness-Center mitbringen. Training macht durstig und vor Ort etwas zu kaufen, ist oftmals sehr teuer.

Handtuch: Es kann gute Dienste leisten, wenn Sie eine verschwitzte Bank abwischen möchten. Am besten legen Sie sich beim Banktraining immer auf ein Handtuch.

Fachbegriffe

Wie bei jedem Sport oder Hobby gibt es auch beim Body-Sculpting einige Fachbegriffe, die man kennen sollte. Hier eine kleine Liste der wichtigsten Ausdrücke:

Wiederholungen (Reps)
Damit ist gemeint, wie oft ein Gewicht während einer Übung hochgehoben wird.

Maximum
Die höchste Anzahl an Wiederholungen, die bei einer Übung unbeschadet ausgeführt werden kann.

Last
Das Gewicht, das gehoben wird. Gemessen wird es meist in Kilogramm.

Einheiten (Sets)
Die wiederholten Ausführungen einer Übung, wobei zwischen jeder Einheit eine kleine Pause gemacht wird. Beispiel: Drei Einheiten Bankdrücken x zehn Wiederholungen, das bedeutet, Sie machen dreimal hintereinander Bankdrücken und nach jeweils zehn Wiederholungen legen Sie eine kurze Pause ein.

Schummeln
Die Ausführung einer Übung mit einem anderen Teil des Körpers als dem, der gerade bearbeitet wird, was natürlich den Effekt auf die Muskeln verringert.

Aufpasser (Spotter)
Eine Person, die Hilfestellung leistet, wenn die Muskeln während einer Übung ermüden und man das Gewicht nicht mehr allein auflegen kann. Heben Sie niemals schwere Gewichte ohne die Anwesenheit eines Spotters, um Unfälle zu vermeiden.

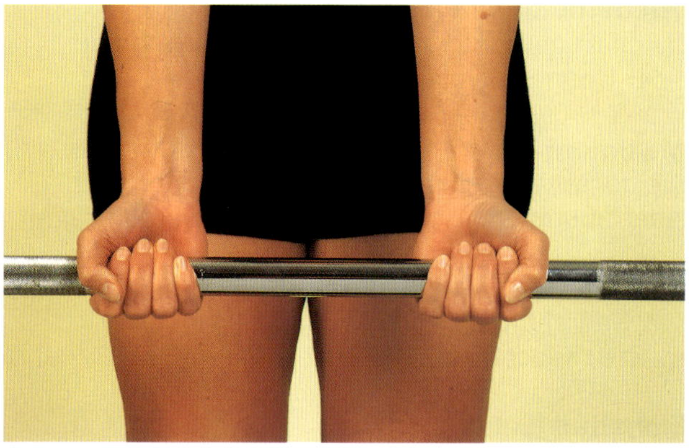

Untergriff
Sie greifen die Stange von unten. Die Handinnenflächen zeigen dabei zur Decke.

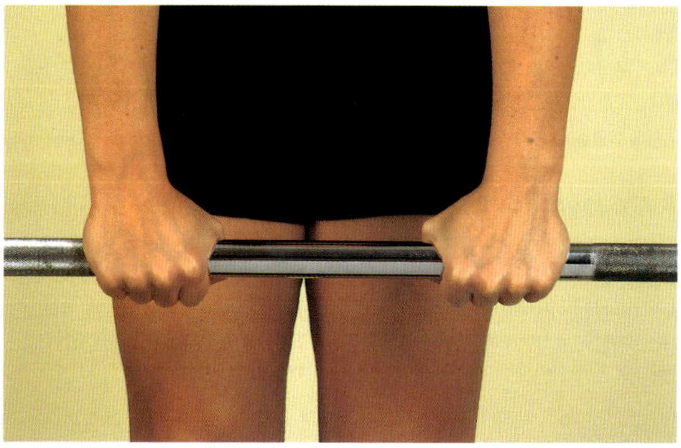

Obergriff
Sie umfassen die Stange von oben, sodass Ihre Handinnenflächen in Richtung Boden zeigen.

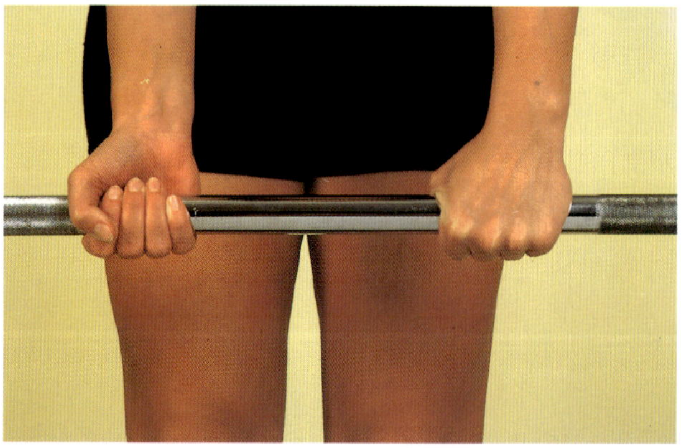

Wechselgriff
Kombination von Unter- und Obergriff, die vor allem beim Heben von schweren Gewichten hilfreich ist.

Allgemeine Tipps

Werfen Sie Ihre Personenwaage raus!
Schließen Sie nicht von Ihrem Körpergewicht auf Ihre Körperform. Die Waage zeigt Veränderungen der Körpermasse an, sagt jedoch nichts über die Verteilung von Fett und Muskeln aus. Denken Sie auch daran: Muskelgewebe ist viel schwerer als Fett, deshalb kann es sein, dass Sie trotz intensivem Training nicht an Gewicht verlieren (vielleicht nehmen Sie sogar noch etwas zu!). Da Ihr Ziel das Straffen und Formen des Körpers ist, sollten Sie ihn lieber öfter

mit dem Maßband vermessen und kontrollieren, wo Sie einige Zentimeter verloren oder dazugewonnen haben.

Führen Sie Buch über Ihre Fortschritte
Tragen Sie alles, was Sie beim Training erleben, in ein kleines Buch ein. Schreiben Sie nicht nur Ihre Körpermaße (Brust, Taille, Hüfte) auf, sondern messen Sie auch den Umfang der Waden, der Oberschenkel, der Unter- und der Oberarme. Wiederholen Sie dies alle sechs bis acht Wochen und tragen Sie die Fortschritte ein, das motiviert ungemein!

Haltung bewahren
Kontrollieren Sie beim Training immer wieder Ihre Körperhaltung und korrigieren Sie sie falls nötig.

Typische Haltungsfehler sind runde oder hängende Schultern. Stehen und sitzen Sie immer gerade! Die Haltung sagt übrigens auch viel über das Selbstbewusstsein eines Menschen aus. Schauen Sie beim Gehen auf den Boden oder tragen Sie den Kopf hoch erhoben? Beobachten Sie die Supermodels auf dem Laufsteg, studieren Sie deren Gang und deren Haltung. Sie werden kein Model mit hängenden Schultern finden!

Atemtechnik
Es ist wichtig, dass Sie beim Heben von schweren Gewichten nicht den Atem anhalten. Normalerweise atmet man ein, wenn man mit der Schwerkraft arbeitet, und aus, wenn man gegen die Schwerkraft arbeitet. Mit anderen Worten: Bei der Kraftanstrengung atmen Sie aus, bei der gegenläufigen Bewegung ein.

Hebetechnik
Das Hochheben von Langhanteln, Scheiben oder anderen Gewichten vom Boden erfordert eine gute Technik, weil man sich ansonsten leicht am Rücken verletzen kann.

Tipps für eine korrekte Hebetechnik:
- Wenn Sie ein Gewicht vom Boden hochheben, gehen Sie immer in die Knie.
- Halten Sie den Rücken stets gerade, damit die Beine die Arbeit verrichten müssen,
- Heben Sie kein Gewicht, das schwerer ist als Sie selbst.

AUFWÄRMEN UND STRETCHING

Wenn Sie schon einmal bei sportlichen Wettkämpfen zugeschaut haben, wird Ihnen aufgefallen sein, dass kein Athlet an den Start geht, ohne seinen Körper vorher aufgewärmt und gedehnt zu haben. Aufwärmen und Dehnen (Stretching) bereiten den Körper für die Übungen vor, und es werden Verletzungen vorgebeugt. Durch das Aufwärmen steigt die Körpertemperatur, Stretching erhöht die Beweglichkeit der Gelenke, Sehnen und Bänder. In diesem Kapitel erfahren Sie, wie Sie Ihren Körper durch Aufwärmen und Dehnen optimal für das Body-Sculpting vorbereiten.

Aufwärmen

Bevor Sie mit dem Training beginnen, sollten Sie Ihren Körper unbedingt aufwärmen. Dies gilt in besonderem Maße für das Krafttraining, da man auf diese Weise nicht nur schmerzhaften Muskelverletzungen, sondern auch dem gewöhnlichen Muskelkater vorbeugen oder auf ein Minimum reduzieren kann. Aufwärmtraining heißt, den gesamten Körper eine Zeit lang rhythmisch zu bewegen. Die Vorteile sind:

- Die Durchblutung der Muskulatur wird verbessert.
- Die Körpertemperatur wird langsam erhöht.
- Man kann sich mental auf das Krafttraining einstellen.
- Man kann Verletzungen an Muskeln und Gelenken vorbeugen.

Das Aufwärmtraining sollte idealerweise acht bis elf Minuten dauern. Die Länge ist abhängig von der Umgebungstemperatur: In kühlen Räumen sollten Sie sich etwas länger aufwärmen als in warmen Räumen. Wenn Sie richtig aufgewärmt sind, sollten Sie etwas erhitzt sein und leicht schwitzen. Als Aufwärmtraining sind folgende Übungen geeignet:

- Rad fahren auf dem Heimtrainer
- Schnelles Gehen oder sanftes Joggen auf dem Laufband
- Arbeiten am Rudergerät
- Treppensteigen auf dem Fitness-Stepper
- Laufen auf der Stelle

Dehnen (Stretching)

Turner und Tänzer verfügen oft über eine erstaunliche Beweglichkeit, die sie sich schon von Kindesbeinen an erarbeitet haben. Während Beweglichkeit als wichtige Komponente einer umfassenden Fitness betrachtet wird, schenkt man dem Dehnen (Stretching) jedoch meist nur wenig Beachtung, da hierbei weder Muskeln aufgebaut noch Kalorien verbrannt werden.
Sie sollten jedoch die Vorteile, die das Stretching bietet, nicht unterschätzen. Viele Verletzungen entstehen durch die mangelnde Vorbereitung des Körpers auf das Training. Um ein Überdehnen von Bändern, Muskeln und Sehnen zu vermeiden, ist es besonders wichtig, dass Sie stets im Anschluss an das Aufwärmen einige Dehnübungen durchführen. Das Gleiche gilt für die Phase des Abkühlens. Hier beugt Stretching Muskelkater vor und unterstützt den Körper dabei sich zu erholen.
Beim Body-Sculpting ergänzt das Stretching auch den straffenden und dehnenden Effekt des Trainings, denn die Muskeln verlängern sich, wenn sie gedehnt werden, wodurch das Verletzungsrisiko sinkt. Ohne regelmäßiges Stretching verlieren die Gelenke ihre Beweglichkeit und manche Bewegungen lassen sich dann nur noch mit Einschränkungen durchführen. Abgesehen davon wirkt Stretching wunderbar entspannend und stressabbauend.
Die wirkungsvollste Stretchingtechnik, die Sie sowohl beim Aufwärmen als auch beim Abkühlen einsetzen können, ist das statische Stretching. Dazu gehört das langsame Dehnen eines Muskels, wobei Sie jede ruckartige oder abrupte Bewegung vermeiden müssen, denn die Muskeln und Gelenke müssen sich erst an die Spannung gewöhnen, die beim Halten der Dehnung auftritt. Beim Aufwärmen sollte jede Dehnung mindestens zehn Sekunden gehalten werden, beim Abkühlen bis zu 30 Sekunden.
Die folgenden Dehnübungen bereiten die wichtigsten Muskelgruppen auf das Krafttraining vor. Sie können aber natürlich auch nach dem Training wirkungsvoll zum Entspannen des Körpers beitragen.

Schenkelstrecker (Quadrizeps)
Stellen Sie sich aufrecht hin, beugen sie ein Bein nach hinten und halten Sie den Fuß fest. Ziehen Sie den Fuß langsam in Richtung Gesäß, die Knie bleiben zusammen (Wenn Sie Schwierigkeiten mit dem Gleichgewicht haben, stützen Sie sich leicht an einer Wand ab). Um die Dehnung zu verstärken, drücken Sie mit dem Fuß gegen den Widerstand Ihrer Hand. Die Übung kann auch auf dem Bauch oder auf der Seite liegend durchgeführt werden.

Zweiköpfiger Oberschenkelmuskel (Beinbizeps)
Für diese Übung können Sie stehen oder auf dem Rücken liegen. Im Stehen: Setzen Sie einen Fuß einen Schritt vor, wobei die Zehen Richtung Decke zeigen. Das Gewicht liegt auf dem anderen Bein, das Sie nun leicht beugen. Nun verlagern Sie Ihr Gewicht langsam auf das andere Bein.
Sie können auch eine Bank benutzen, auf die Sie einen Fuß (nur die Ferse, die Zehen zeigen nach oben) stellen. Lehnen Sie sich nun langsam mit geradem Rücken nach vorne, sodass Sie die Dehnung auf der Rückseite des Oberschenkels fühlen.
Das Dehnen der rückwärtigen Oberschenkelmuskulatur im Liegen ist besser zum Abkühlen und Entspannen geeignet. Legen Sie sich auf den Rücken, die Beine sind angewinkelt, die Füße stehen fest auf dem Boden. Ziehen Sie nun ein Bein langsam zur Brust. Je nach Beweglichkeit können Sie dieses Bein dabei entweder durchstrecken oder angewinkelt lassen.

Waden

Die Standardübung ist das Wadendehnen im Stehen. Dabei strecken Sie ein Bein nach hinten aus, während das andere leicht gebeugt wird. Die Ferse des hinteren Beines wird auf den Boden gepresst, die Füße sollten parallel stehen und nicht nach außen gedreht werden.

Gesäß

Legen Sie sich mit angewinkelten Beinen auf den Rücken. Schlagen Sie das eine Bein über das andere, sodass der Fußknöchel auf dem Knie ruht. Dann heben Sie das Bein, das noch auf dem Boden steht, langsam in Richtung Brust. Notfalls können Sie mit den Armen nachhelfen. Der Oberkörper bleibt die ganze Zeit entspannt. Vergessen Sie nicht zu atmen!

Brust

Die Brustmuskulatur dehnt sich indirekt mit, wenn die Schulter gedehnt wird. Diese Übung ist ein Stretching für Schulter, Brust und Bizeps. Legen Sie die Arme auf den Rücken, wobei eine Hand die andere umfasst. Bewegen Sie die Hände vom Rücken weg, Schulter und Kopf bleiben dabei gerade. Übrigens ist dies auch ein hervorragendes Stretching für Personen, die viel Zeit vor dem Computer verbringen (müssen).
Sie können auch die Handflächen hinter dem Rücken aneinander legen und dabei versuchen, die Ellbogen zusammenzubringen.

„Aufwärmen und Stretching bringen den Körper in Schwung und beugen Verletzungen vor."

Trizeps-Dehnung

Schulter
Unsere Schulter wird ständig gebraucht und verdient daher ein gutes Stretching. Vor allem, wenn Sie viel Zeit am Schreibtisch verbringen, sollten Sie regelmäßig etwas für ihre Schulter tun.

Schulter-Stretching im Stehen Dabei werden die rückwärtigen Schultermuskeln und die des oberen Rückens gedehnt. Stellen Sie sich aufrecht hin und legen Sie einen Arm quer über die Brust. Umfassen Sie nun das Handgelenk und ziehen sie den Ellbogen sanft in Richtung Schulter.

Schulter-Stretching mit Abstützen Stellen Sie sich seitlich zu einer Wand. Legen Sie die Handfläche (die Finger zeigen nach unten) gegen die Wand, wobei sich der Arm auf Schulterhöhe befindet, und drehen Sie langsam den Körper, bis Sie die Dehnung in der Schultermuskulatur fühlen.

Trizeps Strecken Sie einen Arm nach oben, der Ellbogen befindet sich parallel zum Kopf. Beugen Sie den Arm nach hinten, umfassen Sie mit der anderen Hand den Ellbogen und ziehen Sie ihn sanft zurück. Sie können sich dabei auch leicht auf eine Seite lehnen, sodass Sie die Dehnung im Oberkörper fühlen.

ARMTRAINING

Die menschlichen Hände und Arme sind äußerst sensibel und beweglich. Sie zählen zu den effektivsten Werkzeugen, die die Natur hervorgebracht hat. Kraft in den Armen ist hilfreich beim Ausführen täglicher Arbeiten wie Heben oder Tragen. Leider haben Frauen besonders wenig Kraft in den Armen, und wabbelige Oberarme sind bei ihnen ein weit verbreitetes Problem. Da dieser Bereich im Alltag nicht viel zu tun bekommt, spricht die Muskulatur hier jedoch sehr schnell auf das Krafttraining an. Mithilfe der folgenden Übungen können Sie Straffheit, Kraft und Form der Arme verbessern.

Die Armmuskeln sind in zwei Bereiche eingeteilt: Ober- und Unterarm. Die Oberarmmuskeln bestehen aus Bizeps (vorne) und Trizeps (hinten), die das Beugen und Strecken des Unterarms steuern. Der Bizeps ist an zwei Stellen mit dem Knochen verbunden, der Trizeps sogar an drei Ansatzstellen.

Musculus biceps brachii, Musculus brachialis und *Musculus brachioradialis*

Die Muskulatur an der Vorderseite des Oberarms ist zweigeteilt. Man unterscheidet *Musculus biceps brachii* und *Musculus brachialis*.

Musculus biceps brachii Seine Ansatzstellen befinden sich am Schultergelenk und an der Speiche (Unterarmknochen). Dieser Armmuskel wird vor allem mit dem Beugen und Strecken des Unterarms assoziiert, er hilft jedoch auch beim Bewegen der Schulter.

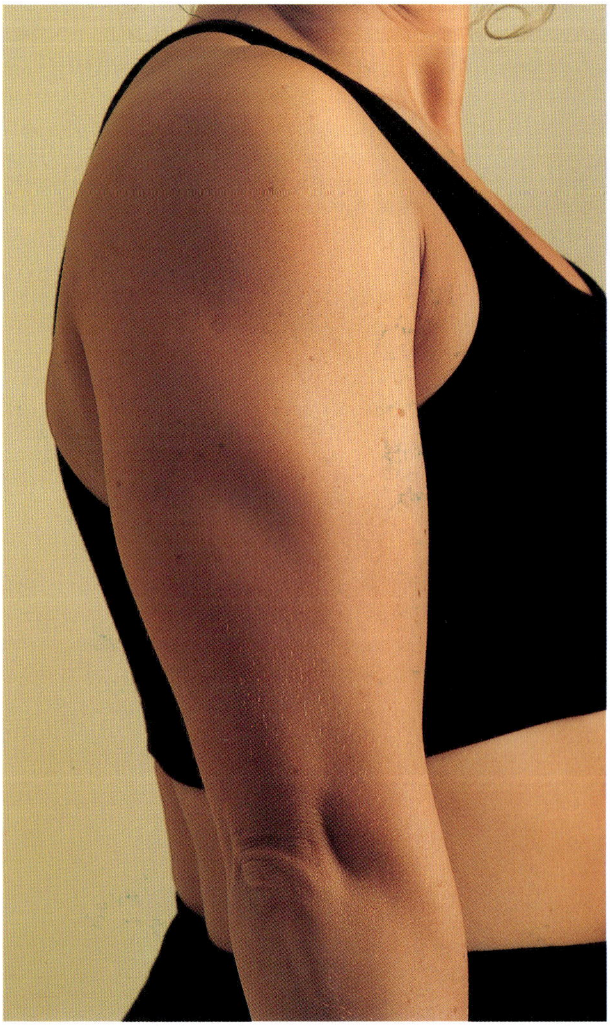

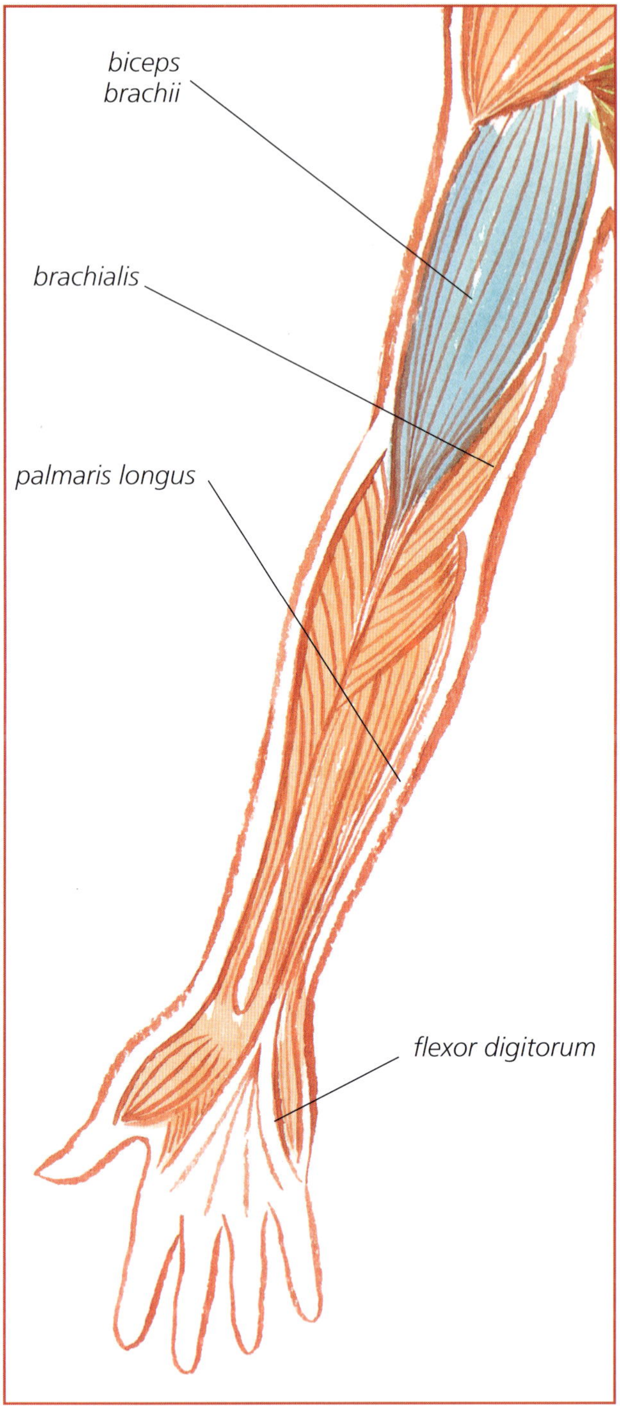

Musculus brachialis Dieser Muskel beginnt etwa auf halber Höhe des Oberarmknochens und setzt an der Elle an. Seine Aufgabe besteht darin, den Unterarm zu beugen.

Musculus brachioradialis Dieser Muskel befindet sich im oberen Bereich der Speiche (Unterarmknochen) und hat ebenfalls die Aufgabe, den Unterarm zu beugen.

LANGHANTELCURL

Langhantelcurl
Diese Übung entwickelt den *Musculus biceps brachii,* den *Musculus brachialis* sowie die gesamte Muskulatur des Unterarms.
Stellen Sie sich aufrecht hin, die Füße befinden sich in schulterbreitem Abstand zueinander, die Knie sind leicht gebeugt. Halten Sie die Langhantel im Untergriff. Die Hebebewegung beginnt in Höhe der Oberschenkel und führt hinauf zur Brust. Halten Sie den Rücken gerade und die Oberarme am Körper. Senken Sie die Hantel langsam und lehnen Sie sich nicht zurück.
Während Sie die Hantel heben, atmen Sie aus, beim Senken der Hantel atmen Sie ein.
Diese Übung können Sie variieren, indem Sie die Hände an der Hantelstange näher zusammen oder weiter auseinander schieben. Sie können die Übung außerdem auch im Sitzen durchführen.

1

2

3

PREDIGERCURL (SCOTTCURL)

1

2

Predigercurl (Scottcurl)
Diese Übung beansprucht den *Musculus bizeps brachii* und den *Musculus brachialis* und dehnt zugleich die Muskeln des Unterarms. Die Arme ruhen dabei auf einer so genannten „Prediger- oder Scottbank“, sodass die Ellbogen fixiert sind. Fassen Sie die Hantel im Untergriff und beugen Sie die Unterarme Richtung Schulter, dann langsam absenken.
Atmen Sie beim Heben aus und beim Senken ein. Anstelle der Langhantel können Sie hier auch Kurzhanteln verwenden.

3

KURZHANTELCURL

Kurzhantelcurl
Diese Routineübung beansprucht und dehnt den Bizeps. Der Vorteil beim Arbeiten mit Kurzhanteln liegt darin, dass Sie das Gewicht individuell der jeweiligen Armstärke anpassen können. Fassen Sie die Hanteln im Untergriff in Höhe der Oberschenkel und beugen Sie die Unterarme in Richtung Schulter.
Dann senken Sie die Gewichte langsam wieder ab, bis etwa auf Bauchhöhe.
Beim Heben der Gewichte atmen Sie aus, beim Senken der Hanteln atmen Sie ein.
Die Übung kann im Stehen oder im Sitzen durchgeführt werden, die Gewichte können gleichzeitig oder wechselseitig gehoben werden.

NICHT VERGESSEN

•

Halten Sie die Handgelenke gerade.

•

Der untere Rücken darf sich nicht bewegen.

•

Achten Sie auf kontrollierte Bewegungen und auf das richtige Gewicht.

KONZENTRATIONSCURL

1

2

Konzentrationscurl
Mit dieser Übung erzielen Sie die höchste Belastung des Bizeps, weil Sie sich die Schwerkraft zunutze machen. Setzen Sie sich leicht vornüber gebeugt auf eine Langbank, die Beine stehen weit auseinander, der Ellbogen stützt sich gegen die Innenseite des Knies, der Unterarm hängt ausgestreckt nach unten. Die andere Hand wird auf dem Oberschenkel aufgestützt. Fassen Sie die Kurzhantel im Untergriff und heben Sie sie in Richtung Schulter. Dann senken Sie sie wieder ab. Wegen der großen Belastung des Bizeps müssen alle Bewegungen langsam und konzentriert ausgeführt werden.
Beim Heben ausatmen, beim Senken einatmen.

3

KABELCURL

Kabelcurl
Eine Übung für den *Musculus bizeps brachii* und den *Musculus brachialis,* die von der Bewegung her identisch mit dem Langhantelcurl ist. Im Unterschied dazu wird die Spannung jedoch während der gesamten Aufwärtsbewegung gehalten.
Atmen Sie beim Ziehen aus, beim Strecken ein.
Diese Übung können Sie variieren, indem Sie nur einen Arm benutzen.

„Variieren Sie die Übungen, um Ihre Arme in Form zu bringen."

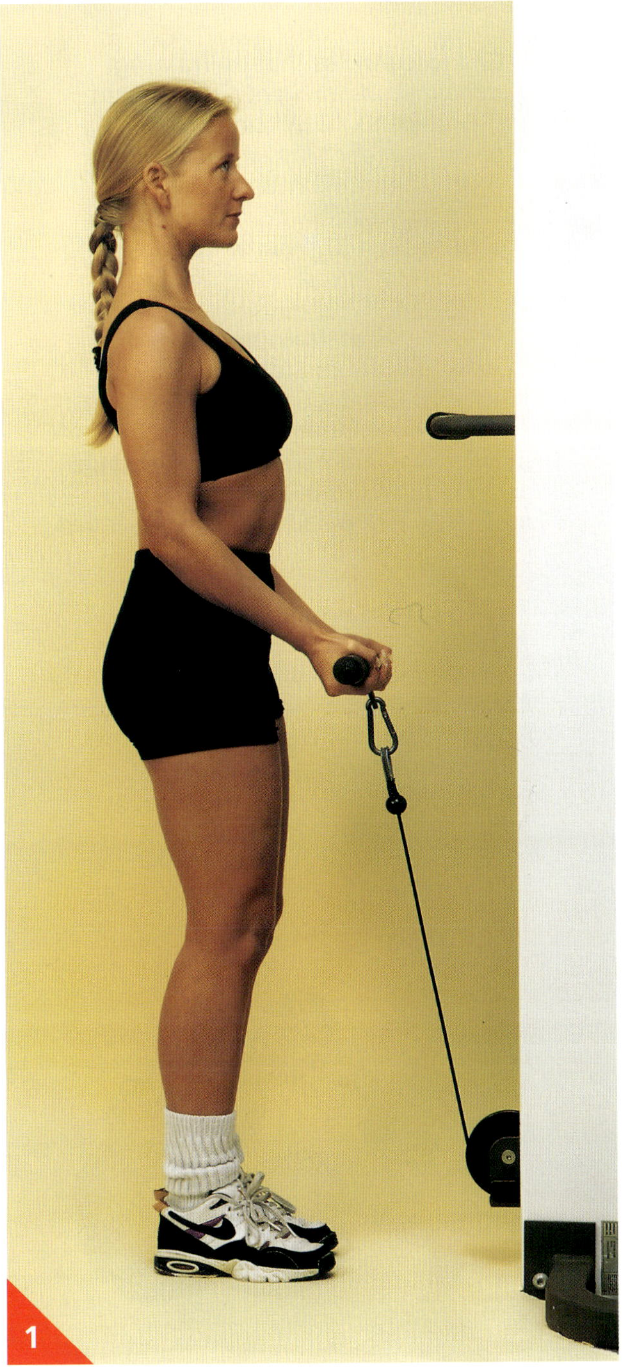
1

2

ZUG ZUR BRUST MIT ENGEM GRIFF

1

2

Zug zur Brust mit engem Griff
Hierbei werden Bizeps und breiter Rückenmuskel *(Musculus latissimus dorsi)* eingesetzt. Setzen Sie sich an die Latissimus-Zugmaschine, umfassen Sie die Griffe von außen, sodass die Handinnenflächen zueinander zeigen, und ziehen Sie sie nach unten, wobei Sie die Ellbogen an den Körper pressen. Anschließend strecken Sie die Arme über den Kopf. Beim Ziehen ausatmen, bei Strecken einatmen.

TRAININGSPLAN 1

Grundlegendes Bizeps-Training
Kurzhantelcurls im Stehen oder Sitzen
3 Einheiten x 10 Wiederholungen
Kabelcurls an der Maschine (beidarmig)
3 Einheiten x 10 Wiederholungen
Predigercurls mit Langhantel
3 Einheiten x 10 Wiederholungen

Krafttraining
Kurzhantelcurls im Stehen oder Sitzen
4 Einheiten x 10 x 8 x 6 x 2 Wiederholungen
Konzentrationscurls
4 Einheiten x 10 x 8 x 6 x 2 Wiederholungen
Predigercurls mit Langhantel
4 Einheiten x 10 x 8 x 6 x 2 Wiederholungen

Ausdauertraining
Kurzhantelcurls im Stehen oder Sitzen
4–5 Einheiten x 14–16 Wiederholungen
Kabelcurl an der Maschine (beidarmig)
4–5 Einheiten x 14–16 Wiederholungen
Predigercurls mit Langhantel
4–5 Einheiten x 14–16 Wiederholungen
Konzentrationscurls
4–5 Einheiten x 14–16 Wiederholungen
4–5 Einheiten x 14–16 Wiederholungen

TRIZEPSDRÜCKEN

Trizeps

Dieser Muskel befindet sich auf der Rückseite des Oberarms und ist für das Strecken des gesamten Arms verantwortlich. Der Trizeps *(Musculus triceps brachii)* hat drei Ansatzstellen (tri = drei), die als lang, medial und lateral bezeichnet werden. Alle drei werden in folgenden Übungen intensiv bearbeitet.

Trizepsdrücken
Diese Übung kann sowohl im Stehen als auch im Liegen ausgeführt werden. Anfänger sollten sich dazu jedoch hinlegen.
Fassen Sie eine Langhantel in der Mitte der Stange in Schulterbreite im Obergriff und halten Sie sie mit ausgestreckten Armen über der Brust. Die Füße stehen rechts und links von der Bank, um die Balance zu halten und der Kopf liegt auf der Bank. Die Ellbogen dürfen ihre Position während der gesamten Übung nicht verändern.
Beugen Sie die Unterarme, sodass sich die Hantel über ihrem Kopf befindet. Dann heben Sie sie langsam wieder in die Ausgangsposition zurück. Achten Sie darauf, dass die Oberarme während der Übung senkrecht bleiben und der Rücken immer Kontakt mit der Liegefläche hat.
Beim Senken der Hantel atmen Sie ein, beim Heben atmen Sie aus.
Auch hier können Sie die Übung durch einen engeren oder weiteren Griff variieren.

„Haben Sie keine Angst, Ihre Armmuskulatur zu trainieren. Leicht definierte Oberarme wirken sexy."

1

2

TRIZEPSDRÜCKEN AM ROLLENZUG

Trizepsdrücken am Rollenzug
Eine exzellente Übung zum Bearbeiten des Trizeps, für die Sie allerdings eine Zugmaschine benötigen. Beachten Sie bitte, dass die Oberarme immer am Körper anliegen sollten und auch die Ellbogen ihre Position nicht verändern. Das Gewicht darf nicht so schwer sein, dass es Ihnen die Arme nach vorne reißt.
Die Hände umfassen die Stange in schulterbreitem Abstand. Ziehen Sie die Stange nach unten bis die Arme gestreckt sind. Dann gehen Sie langsam in die Ausgangsposition zurück.
Beim Ziehen atmen Sie aus, beim Hochführen atmen Sie ein.

NICHT VERGESSEN

- **Bewegen Sie die Oberarme nicht.**
- **Halten Sie die Ellbogen gerade.**
- **Stellen Sie sich nah an die Maschine.**

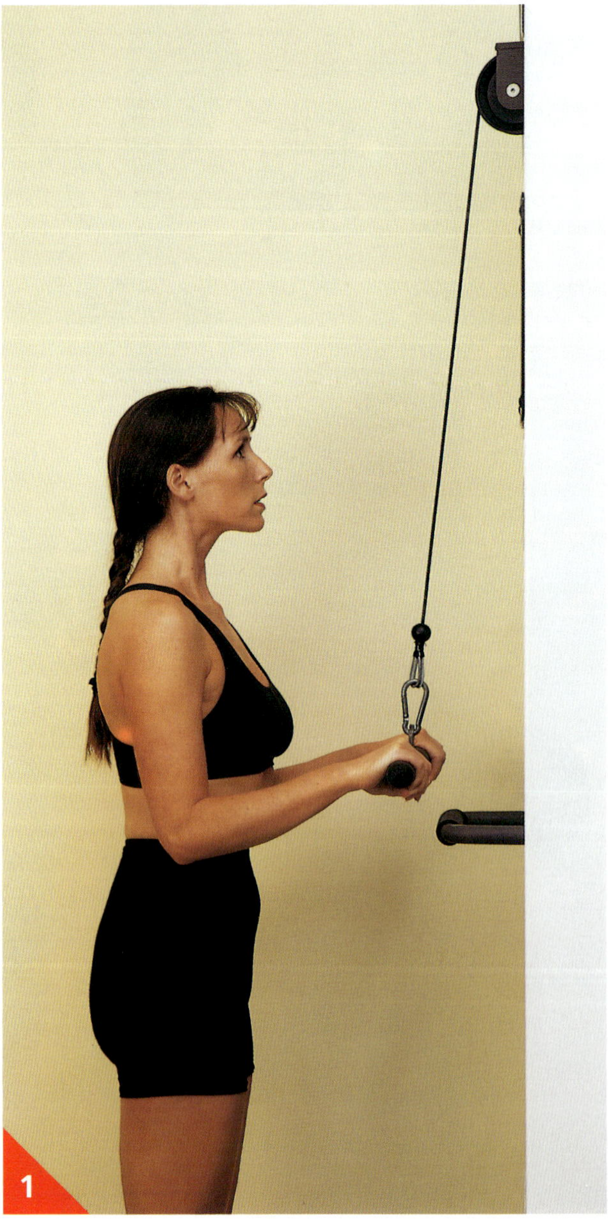
1

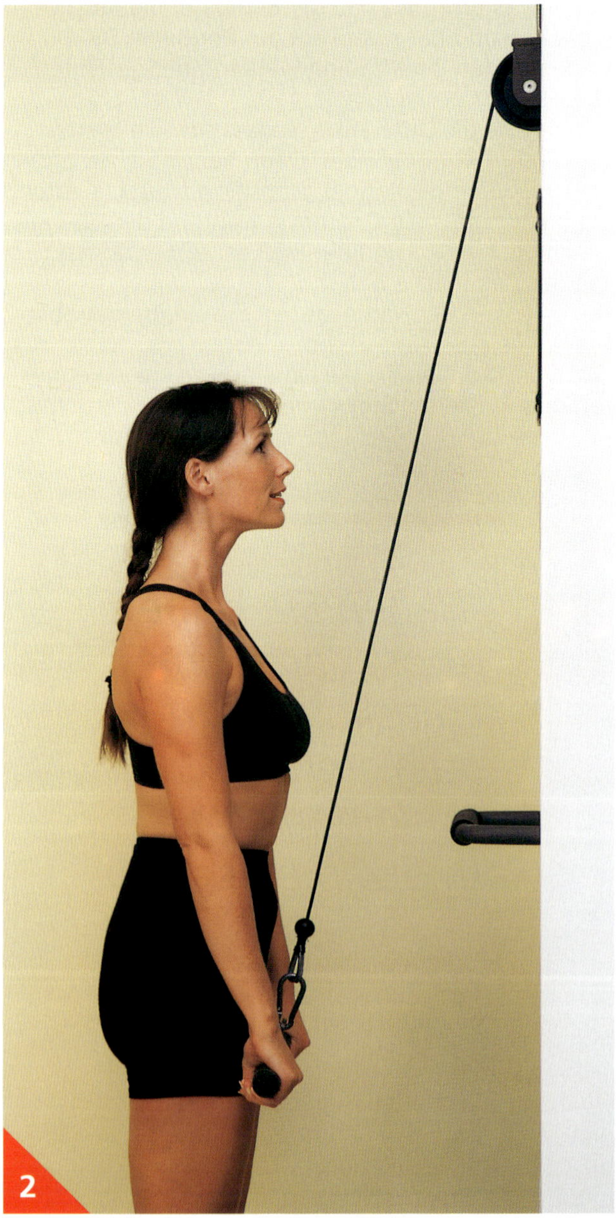
2

TRIZEPSDRÜCKEN MIT DER KURZHANTEL

1

Trizepsdrücken mit der Kurzhantel
Diese Übung für den äußeren Trizeps lässt sich im Stehen oder im Sitzen durchführen, wobei immer nur ein Arm bearbeitet wird.
Die Bewegung ähnelt der beim Trizepsdrücken im Liegen, die Handinnenflächen zeigen jedoch nach innen, sodass die Belastung mehr auf dem äußeren Trizeps liegt. Heben Sie die Hantel hoch über den Kopf, der Ellbogen befindet sich nahe am Ohr. Senken Sie den Unterarm hinter den Kopf, ohne den Oberarm zu bewegen. Dann drücken Sie die Hantel langsam zurück in die Ausgangsposition.
Wenn Sie den Unterarm senken, atmen Sie ein, wenn Sie ihn strecken, atmen Sie aus.

2

TRIZEPS-KICKBACK

Trizeps-Kickback
Stützen Sie sich wie auf dem Foto gezeigt auf einer Bank ab und heben Sie den freien Oberarm hoch bis der Ellbogen am Körper anliegt, der Unterarm bleibt dabei entspannt. Jetzt strecken Sie den Unterarm nach hinten und gleichzeitig nach oben durch und senken ihn langsam wieder in die Ausgangsstellung zurück. Achten Sie darauf, die Bewegung gerade und ohne Hilfe des Oberarms auszuführen.
Beim Heben des Unterarms atmen Sie aus, beim Senken atmen sie ein.

1

2

„Das Tragen von Handschuhen verhindert Blasen und Druckstellen."

DIPS

Dips
Eine äußerst wirksame Übung, die nicht nur dem Trizeps zugute kommt, sondern auch Rücken und Brust stärkt. Sie ist allerdings nicht ganz einfach, deshalb sollten Sie nicht gleich aufgeben, wenn Sie sie zunächst nur einmal schaffen und die Zahl der Wiederholungen nur langsam steigern können. Am besten führen Sie diese Übung direkt nach dem Aufwärmen und vor dem Hanteltraining durch.
Stellen Sie sich aufrecht hin und umfassen Sie die Griffe (Handinnenflächen nach innen). Stemmen Sie sich nach oben und lassen Sie sich langsam mit angewinkelten Armen etwas herabsinken. Dann drücken Sie sich wieder in die Ausganspositon. Es ist hart, aber Sie werden es schaffen!
Beim Hochziehen atmen Sie aus, beim Absenken atmen Sie ein.

TRAININGSPLAN 2

Grundlegendes Trizepstraining
Trizepsdrücken am Rollenzug
3 Einheiten x 10 Wiederholungen
Trizepsdrücken liegend
3 Einheiten x 10 Wiederholungen
Trizeps-Kickback
3 Einheiten x 10 Wiederholungen

Krafttraining
Dips
4 Einheiten x 10 x 8 x 6 x 2 Wiederholungen
Trizepsdrücken am Rollenzug
4 Einheiten x 10 x 8 x 6 x 2 Wiederholungen
Trizepsdrücken liegend
4 Einheiten x 10 x 8 x 6 x 2 Wiederholungen
Trizeps-Kickback
4 Einheiten x 10 x 8 x 6 x 2 Wiederholungen

Ausdauertraining
Trizepsdrücken am Rollenzug
4–5 Einheiten x 14–16 Wiederholungen
Trizepsdrücken liegend
4–5 Einheiten x 14–16 Wiederholungen
Trizeps-Kickback
4–5 Einheiten x 14–16 Wiederholungen
Trizepsdrücken mit der Kurzhantel
4–5 Einheiten x 14–16 Wiederholungen

HANDGELENKCURL

Unterarme

Der Unterarm verfügt über eine Vielzahl von Muskeln und Sehnen, die zum Bewegen der Hände und Finger benötigt werden. Beim Bearbeiten des Bizeps spielt der *Musculus brachioradialis* im Unterarm eine wichtige Rolle, da er am Beugen des Unterarms beteiligt ist.
Zu den anderen Muskeln gehören der *Musculus palmaris longus,* der das Ellbogen- und Handgelenk beugt, der *Musculus flexor digitorum superficialis*, der die Finger bewegt und der *Musculus flexor pollicis longus,* der den Daumen beugt.
Vergessen Sie nicht, dass die Unterarme bereits beim Bizepstraining mittrainiert werden. All diejenigen, denen das nicht reicht, finden im Folgenden noch einige spezielle Übungen, um den Unterarm gezielt zu trainieren:

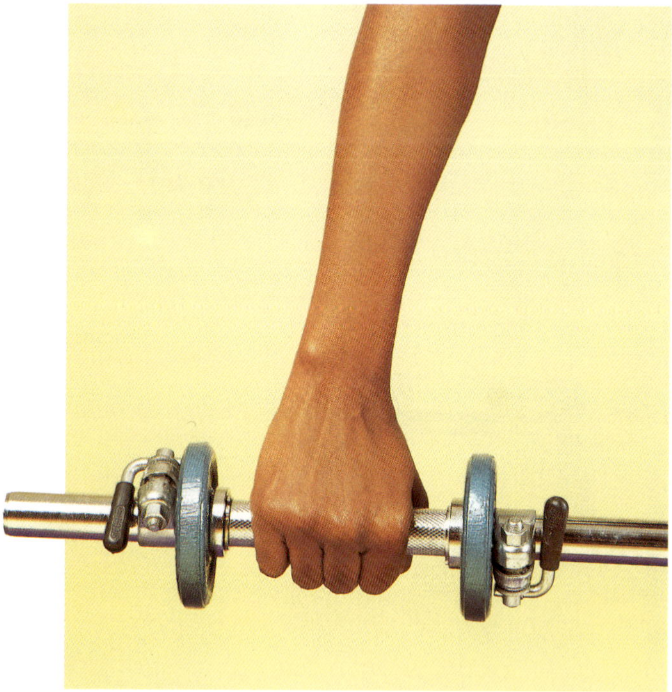

Handgelenkcurl
Diese Übung stärkt die Beugemuskulatur im Unterarm. Der gesamte Arm bleibt während der Übung starr.
Halten Sie die Langhantel im Obergriff mit nach unten gestreckten Armen in Schulterbreite vor den Körper und bewegen Sie sie nur aus den Handgelenken vom Körper weg und wieder hin.
Beim Wegbewegen atmen Sie aus, beim Hinbewegen atmen Sie ein.
Sie können diese Übung auch mit Kurzhanteln durchführen (siehe Abbildung oben und Abbildungen Seite 53).

1

2

LANGHANTELCURL MIT OBERGRIFF

1

2

„Denken Sie stets daran, dass nicht das Hanteltraining dick macht, sondern lediglich das Körperfett."

Langhantelcurl mit Obergriff

Diese Übung bearbeitet den Unterarm und den Bizeps. Halten Sie die Langhantel auf Höhe des Oberschenkels mit gestreckten Armen vor dem Körper. Heben Sie sie nur mithilfe der Unterarme zur Brust, die Ellbogen bleiben am Körper, die Handgelenke dürfen nicht abknicken. Danach senken Sie die Hantel langsam in die Ausgangsposition zurück.
Beim Heben atmen Sie aus, beim Senken ein.

LANGHANTELCURL MIT UNTERGRIFF

Langhantelcurl mit Untergriff
Diese Übung bearbeitet ebenfalls den Unterarm und den Bizeps.
Halten Sie die Langhantel auf Höhe des Oberschenkels mit gestreckten Armen vor dem Körper. Heben Sie sie nur mithilfe der Unterarme zur Brust, die Ellbogen bleiben am Körper, die Handgelenke dürfen nicht abknicken. Dann senken Sie die Hantel langsam in die Ausgangsposition zurück.
Beim Heben atmen Sie aus, beim Senken ein.
Diese Übung ist gut geeignet, um einem Tennisarm oder Überbelastung vorzubeugen.

TRAININGSPLAN 3

Grundlegendes Unterarmtraining
Handgelenkcurls
3 Einheiten x 10 Wiederholungen
Langhantelcurls mit Untergriff
3 Einheiten x 10 Wiederholungen
Langhantelcurls mit Obergriff
3 Einheiten x 10 Wiederholungen

Krafttraining
Handgelenkcurls
4 Einheiten x 10 x 8 x 6 x 2 Wiederholungen
Langhantelcurls mit Untergriff
4 Einheiten x 10 x 8 x 6 x 2 Wiederholungen
Langhantelcurls mit Obergriff
4 Einheiten x 10 x 8 x 6 x 2 Wiederholungen

Ausdauertraining
Handgelenkcurls
4–5 Einheiten x 14–16 Wiederholungen
Langhantelcurls mit Untergriff
4–5 Einheiten x 14–16 Wiederholungen
Langhantelcurls mit Obergriff
4–5 Einheiten x 14–16 Wiederholungen

1

2

ÜBUNGEN FÜR DIE SCHULTER

Durch das Trainieren mit Gewichten können breite Schultern und eine schmale Taille verstärkt werden. Mithilfe des Hanteltrainings können Sie die Rücken- und Schultermuskulatur aufbauen und durch gezieltes Training den Taillenumfang reduzieren. Das Straffen des Deltamuskels, der im Schulterbereich sitzt, verbessert die gesamte Haltung. Unabhängig davon, ob Sie eine schwere Tasche oder ein Blatt Papier heben, Sie brauchen dazu die Muskulatur des Oberarms und der Schulter. Die Übungen in diesem Kapitel fördern hauptsächlich die Entwicklung des Deltamuskels.

Die Schulter

Armbewegungen von der Schulter aus erfordern die Flexibilität von Muskeln, Sehnen und Bändern rund um das Schultergelenk, das das beweglichste Gelenk in unserem Körper ist. Für die Armbewegungen sind nicht nur der Deltamuskel *(Musculus deltoideus)*, sondern auch die Oberarmmuskeln, der Trapezmuskel *(Musculus trapezius)* und der große Rautenmuskel am Rücken zuständig.

Der Deltamuskel überspannt vom Schlüsselbein ausgehend das Schultergelenk und setzt an der Außenseite des Oberarms an. Er wird in drei Bereiche eingeteilt: vorderer, mittlerer und hinterer Deltamuskel. Diese drei Bereiche kontrahieren unterschiedlich, je nachdem, welche Bewegung mit dem Oberarm ausgeführt wird. Der vordere Deltamuskel beugt und bewegt den Arm von der Innenseite. Der mittlere ist für die Armbewegung zuständig, die vom Körper wegführt. Der hintere Teil des Deltamuskels ermöglicht die kreisförmigen Bewegungen des Arms.

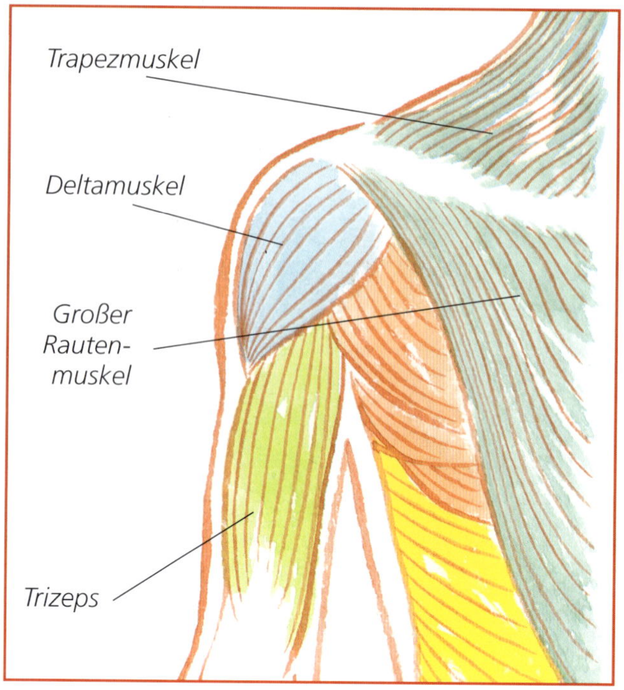

SEITHEBEN IM STEHEN

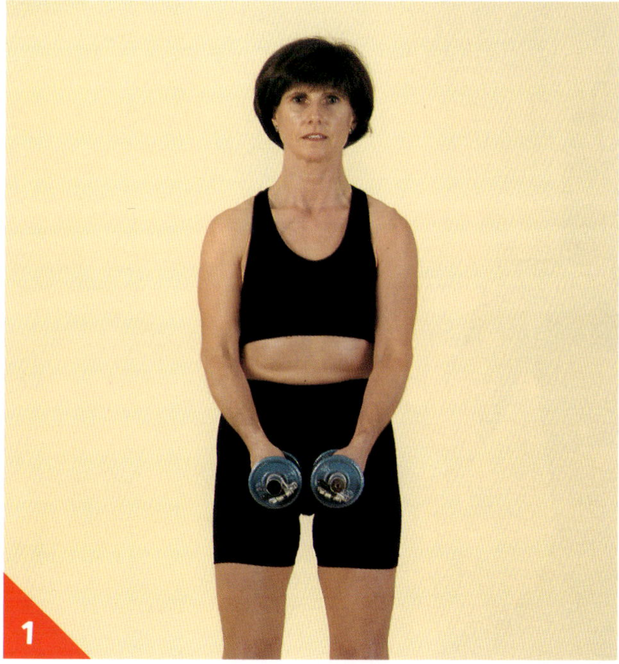

1

Seitheben im Stehen

Dies ist eine exzellente Übung zum Kräftigen und Entwickeln des Deltamuskels. Nehmen Sie eine Kurzhantel in jede Hand, die Handinnenflächen sind einander zugewandt, und heben Sie die Arme seitlich bis auf Schulterhöhe. Die Ellbogen sollten nicht ganz durchgestreckt sein, das verringert die Belastung des Gelenks. Der Rücken muss gerade bleiben.

Beim Heben der Arme atmen Sie aus, beim Senken atmen Sie ein.

Sie können diese Übung auch variieren, indem Sie sie im Sitzen durchführen. Setzen Sie sich hierzu mit geschlossenen Beinen an das Ende einer Flachbank. Nehmen Sie in jede Hand eine Kurzhantel und beugen Sie den Oberkörper nach vorne, bis Sie Ihre Oberschenkel berühren. Die Arme hängen mit leicht gebeugten Ellbogen nach unten, die Handinnenflächen sind einander zugewandt. Jetzt heben Sie die Arme seitlich bis auf Schulterhöhe, wobei die Ellbogen nicht ganz gestreckt werden, und führen die Arme langsam zurück.

Beim Heben ausatmen und beim Senken einatmen.

2

FRONTDRÜCKEN

Frontdrücken

Eine Übung für den Deltamuskel und den Trizeps. Hierbei wird auch der untere Rücken belastet, deshalb sollten Anfänger mit leichten Gewichten beginnen. In der Regel wird diese Übung mit einer Langhantel durchgeführt, sie kann jedoch auch an einer Maschine oder mit Kurzhanteln ausgeführt werden. Sie können sitzen oder stehen, je nachdem in welcher Position Sie sich wohler fühlen.

Fassen Sie die Hantel im Obergriff, die Hände sollten deutlich mehr als schulterbreit voneinander entfernt sein. Die Beine sollten etwas über Schulterbreite geöffnet sein. Halten Sie die Stange vor Ihrem Körper auf Schulterhöhe. Achten Sie darauf, dass sich die Ellbogen genau unter der Stange befinden. Drücken Sie nun das Gewicht langsam nach oben, bis die Arme gestreckt sind. Dabei dürfen Sie den Rücken nicht krümmen und die Ellbogen nicht völlig durchstrecken. Dann beugen Sie die Arme wieder, wobei die Ellbogen nach unten zeigen, und bringen die Hantel langsam in die Ausgangsposition zurück.

Beim Heben ausatmen, beim Senken einatmen.

Wenn Sie Kurzhanteln verwenden, können Sie die Übung variieren, indem Sie die Hanteln abwechselnd über den Kopf stemmen.

„Formen Sie Ihre Schultermuskulatur mit Gewichten und verbessern Sie gleichzeitig Ihre Körperhaltung."

2

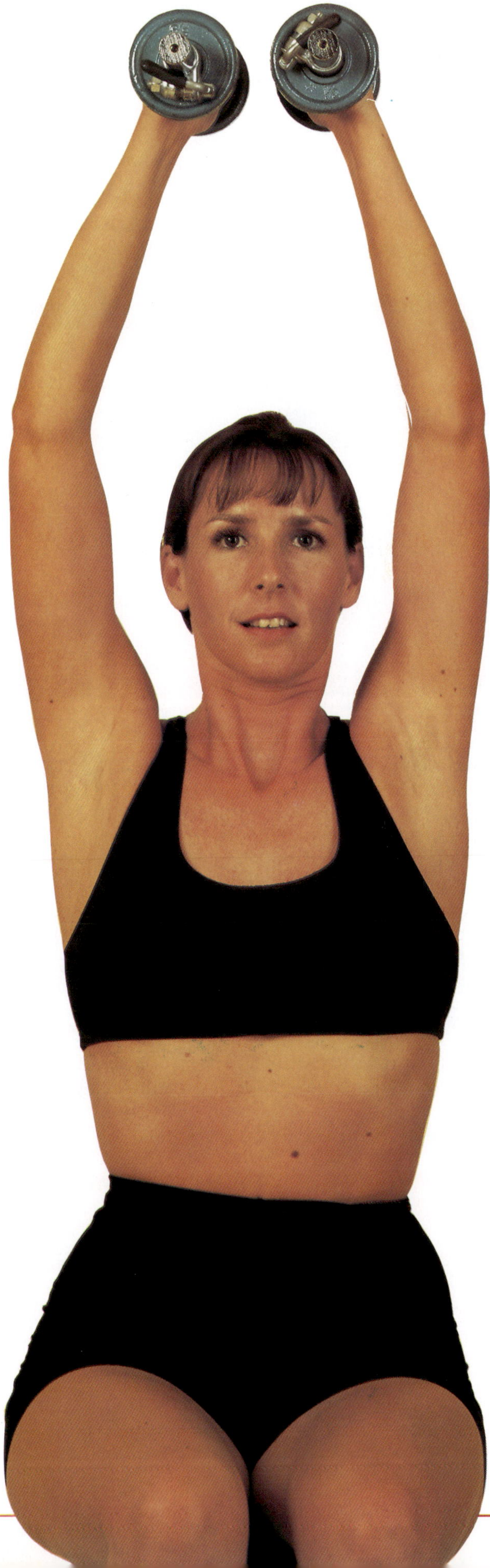

1

SEITZIEHEN AM KABEL

Seitziehen am Kabel
Umfassen Sie den Griff der Zugmaschine, sodass der Arm gestreckt ist und leicht nach oben zeigt. Ziehen Sie nun das Kabel schräg vor Ihrem Körper nach unten, bis der Arm gestreckt ist. Führen Sie dann den Arm langsam in die Ausgangsposition zurück.
Sie können diese Übung variieren. Stehen Sie etwa eine Schulterlänge von der Rolle entfernt mit leicht geöfffneten Beinen. Beginnen Sie mit der Bewegung in Höhe der Oberschenkel und heben Sie den Arm seitlich bis in Schulterhöhe. Dann senken Sie den Arm in die Ausgangsposition zurück.
Bei beiden Varianten atmen Sie beim Ziehen aus und beim Zurückführen ein. Das Handgelenk bleibt gerade und das Gewicht darf nicht mithilfe der Unterarme oder des Rückens gezogen werden.

NICHT VERGESSEN

•

Achten Sie bei dieser Übung darauf, dass Sie Ihre Schulter nicht überdehnen. Der Deltamuskel arbeitet am effektivsten, wenn Sie den Arm nur bis auf Schulterhöhe heben.

4

RUDERN AM KABEL IM STEHEN

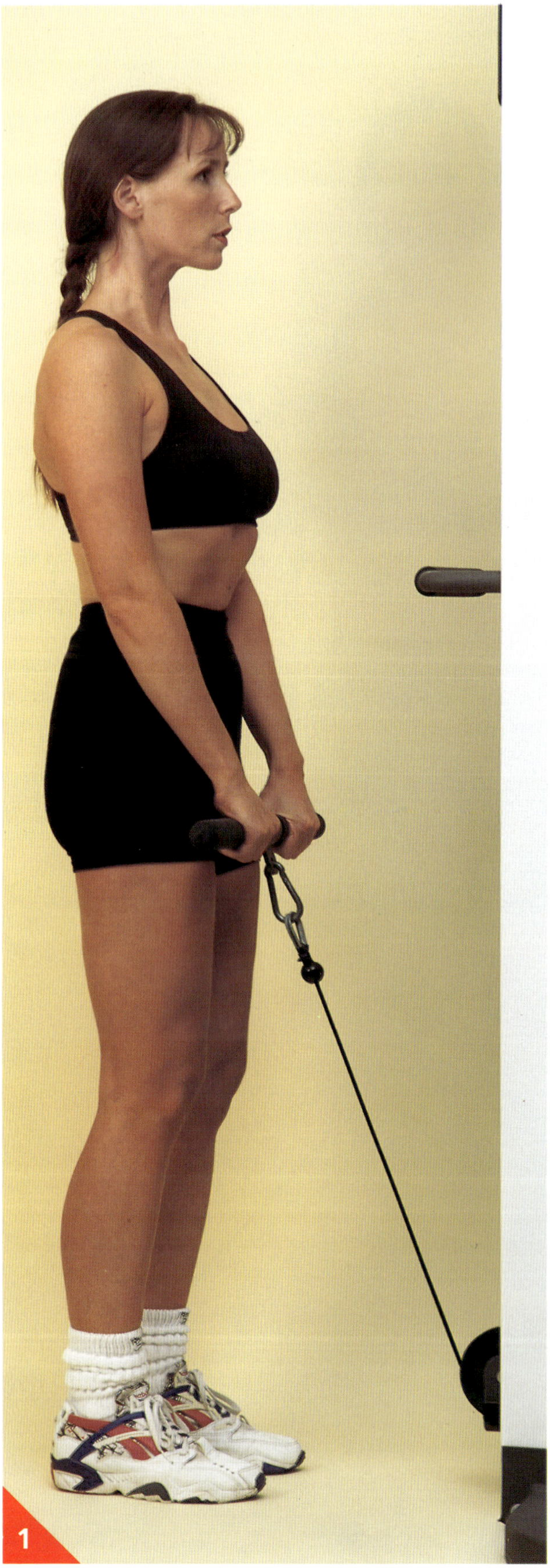

1

2

RUDERN AUFRECHT

Rudern aufrecht
Diese Übung entwickelt den vorderen Deltamuskel und den Trapezmuskel. Gewöhnlich verwendet man dazu eine Langhantel, aber sie kann auch an einer Zugmaschine durchgeführt werden (siehe Abbildung Seite 62), wobei der Bewegungsablauf gleich bleibt. Fassen Sie die Langhantel im Obergriff, die Hände sollten nahe beieinander liegen. Die Hantel wird von den Oberschenkeln bis unter das Kinn gehoben, wobei die Ellbogen nach oben zeigen, und dann langsam wieder gesenkt. Achten Sie darauf, dass Sie den Rücken beim Heben gerade halten. Die Beine sind während der Übung leicht geöffnet.
Beim Heben atmen Sie aus, beim Absenken atmen Sie ein.

„Die Hände sollten nahe beieinander liegen, die Arme werden langsam gesenkt. Setzen Sie beim Heben niemals den Rücken ein."

UMSETZEN

1

Umsetzen
Bei dieser Übung werden neben der Schulter auch Rücken, Beine, Arme und Gesäß trainiert. Anfänger sollten jedoch mit ganz leichten Gewichten beginnen. Der Abstand der Hände ist etwas über Schulterbreite. Heben Sie die Hantel im Obergriff vom Boden bis auf Oberschenkelhöhe und rollen Sie sie dann aus dem Ellbogen hinauf zur Schulter. Diese Position halten Sie kurz, die Ellbogen sind nahe am Körper. Dann setzen Sie die Hantel konzentriert in zwei Bewegungen wieder ab: Zuerst senken Sie die Unterarme bis sich das Gewicht in Höhe der Oberschenkel befindet, dann legen Sie es langsam auf den Boden.
Beim Heben atmen Sie aus, beim Senken ein.

2

NICHT VERGESSEN

Diese Übung ist schwierig. Überfordern Sie sich nicht.

•

Beugen Sie die Knie, wenn Sie das Gewicht hochheben.

•

Halten Sie den Rücken gerade.

•

Beim Heben bilden Knie und Zehen eine Linie.

•

Stemmen Sie die Hantel ohne Rückeneinsatz zur Brust hoch.

3

FRONTHEBEN MIT KURZHANTELN

Frontheben mit Kurzhanteln
Mit dieser Übung trainieren Sie den vorderen Deltamuskel. Die Kurzhantel wird im Obergriff gehalten, die Bewegung beginnt in Oberschenkelhöhe. Die Arme sind gestreckt, die Ellbogen jedoch nicht ganz durchgedrückt. Heben Sie die Hantel nach vorne bis auf Schulterhöhe und senken Sie sie wieder ab. Die Übung wird abwechselnd mit dem linken und dem rechten Arm durchgeführt.
Beim Heben atmen Sie aus, beim Senken atmen Sie ein.

1

2

„Die Übung beginnt in Höhe der Oberschenkel. Die Arme werden abwechselnd gehoben, sodass die Bewegung besser kontrolliert werden kann."

SCHULTERHEBEN

Schulterheben

Diese Übung trainiert den Trapezmuskel und den Deltamuskel. Sie wird mit Kurzhanteln durchgeführt. Die Gewichte werden neben den Oberschenkeln gehalten. Heben Sie nun die Schultern und senken Sie sie wieder.

Variieren Sie die Übung, indem Sie die Schultern vor- und zurückrollen, sodass auch der obere Rücken beansprucht wird.

Beim Heben der Schultern atmen Sie aus, beim Senken ein.

TRAININGSPLAN

Grundlegendes Schultertraining

Frontdrücken
3 Einheiten x 10 Wiederholungen
Rudern am Kabel im Stehen
3 Einheiten x 10 Wiederholungen
Rudern aufrecht
3 Einheiten x 10 Wiederholungen

Krafttraining

Umsetzen
4 Einheiten x 10 x 8 x 6 x 2 Wiederholungen
Frontdrücken
4 Einheiten x 10 x 8 x 6 x 2 Wiederholungen
Rudern am Kabel im Stehen
4 Einheiten x 10 x 8 x 6 x 2 Wiederholungen
Rudern aufrecht
4 Einheiten x 10 x 8 x 6 x 2 Wiederholungen

Ausdauertraining

Frontdrücken
4–5 Einheiten x 14–16 Wiederholungen
Rudern am Kabel im Stehen
4–5 Einheiten x 14–16 Wiederholungen
Rudern aufrecht
4–5 Einheiten x 14–16 Wiederholungen
Schulterheben
4–5 Einheiten x 14–16 Wiederholungen

ÜBUNGEN FÜR DIE BRUST

Die Brustmuskulatur kann durch das Trainieren mit Gewichten äußerst positiv beeinflusst werden. Zwar besteht die Brust selbst aus Fettgewebe, das nicht gestrafft oder geformt werden kann, aber man kann die umliegenden Muskeln stärken, die die Brust stützen und an ihrem Platz halten. Der wichtigste Brustmuskel ist der große Brustmuskel (Musculus pectoralis major). *Im folgenden Kapitel finden Sie hauptsächlich Übungen, die die Brust kräftigen und die Brustmuskulatur aufbauen.*

Perfekte Brustmuskulatur

Der große Brustmuskel

Der große Brustmuskel *(Musculus pectoralis major)* ist fächerförmig, besteht aus zwei Teilen und bedeckt beinahe den gesamten Brustbereich. Er erstreckt sich vom Schlüsselbein über das Brustbein und umfasst die zweite bis siebte Rippe.
Dieser Muskel ist für das Vorheben und die Innenrotation des Arms sowie für das Senken der Schulter zuständig. Außerdem fungiert er als Atemhilfsmuskel.
Bei bestimmten Tätigkeiten wie beispielsweise beim Schwimmen oder Rudern kann man spüren, wie der Muskel arbeitet.

Der kleine Brustmuskel

Der kleine Brustmuskel *(Musculus pectoralis minor)* reicht von der dritten bis zur fünften Rippe. Er dient zum Senken des Schultergürtels und fungiert ebenfalls als Atemhilfsmuskel.

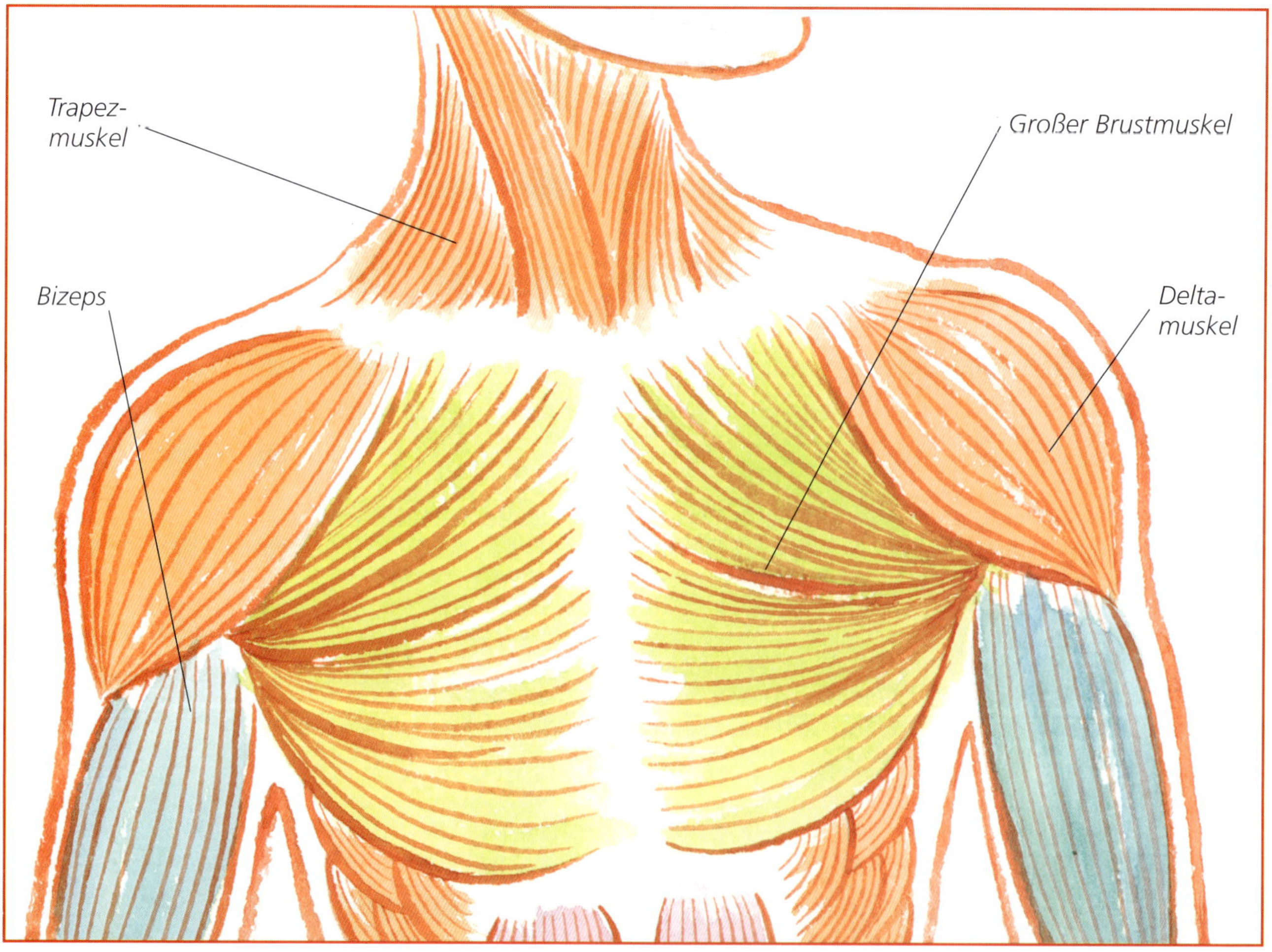

BANKDRÜCKEN

1

Bankdrücken

Die Standardübung zum Trainieren der Brustmuskulatur ist das Bankdrücken. Man kann damit eine Vergrößerung des Brustumfangs erzielen, aber auch Arme und Schultern stärken. Anfänger sollten unbedingt die Beine auf der Bank aufstellen, damit der untere Rücken entlastet wird. Fortgeschrittene lassen die Füße auf dem Boden.

Die Hände umfassen die Hantelstange im Obergriff mit möglichst weitem Abstand. Das Handgelenk dürfen Sie nicht abknicken. Wenn Sie auf der Bank liegen, sollte sich die Hantelstange direkt über Ihren Augen befinden. Senken Sie nun die Hantel zur Brust, wobei die Ellbogen nach außen gestellt sind. Drücken Sie die Hantel nach oben, bis Ihre Arme gestreckt sind (Ellbogen nicht ganz durchstrecken). Beim Senken der Hantel einatmen, beim Hochdrücken ausatmen.

NICHT VERGESSEN

•

Heben Sie keine schweren Gewichte ohne Hilfestellung.

•

Beim Heben nicht den Rücken krümmen.

•

Drücken Sie die Hantel nach oben, ohne Schwung zu holen.

2

3

BANKDRÜCKEN AUF DER SCHRÄGBANK

Bankdrücken auf der Schrägbank
Bankdrücken kann variiert werden, indem man die Bank aufwärts oder abwärts neigt. Die aufwärts geneigte Bank ist besonders gut für Frauen, weil dadurch mehr Belastung auf die obere Brustmuskulatur und den Deltamuskel ausgeübt wird. Im Gegensatz dazu wirkt die abwärts geneigte Bank stärker auf die untere Brustmuskulatur.

„Es handelt sich bei der Brustmuskulatur um eine kraftvolle Muskelgruppe, die hart arbeiten kann."

1

2

ABWÄRTS GENEIGT

1

2

BANKDRÜCKEN MIT KURZHANTELN

1

Bankdrücken mit Kurzhanteln

Kurzhanteln können alternativ zur Langhantel verwendet werden. Nehmen Sie in jede Hand eine Kurzhantel, legen Sie sich auf eine Flachbank, beugen Sie die Arme und senken Sie sie bis etwa auf Höhe des Oberkörpers ab. Die Handinnenflächen zeigen von Ihrem Körper weg.

Heben Sie nun die Arme bis sie beinahe vollständig gestreckt sind (die Ellbogen bleiben leicht gebeugt). Anschließend bringen Sie die Arme langsam wieder in die Ausgangsposition zurück.

Beim Senken der Gewichte atmen Sie ein, beim Hochdrücken atmen Sie aus.

2

FLIEGENDE BEWEGUNG MIT DER KURZHANTEL

1

Fliegende Bewegung mit der Kurzhantel
Diese Übung trainiert die Brustmuskulatur intensiv. Nehmen Sie in jede Hand eine Kurzhantel, legen Sie sich auf eine Flachbank und halten Sie die Arme gestreckt zur Seite. Bewegen Sie die Arme nach oben, bis sich die Hanteln beinahe berühren. Die Handinnenflächen sind einander zugewandt, die Ellbogen leicht gebeugt. Sie können diese Übung auch auf einer abwärts geneigten Bank durchführen.

NICHT VERGESSEN

•

Überdehnen Sie Ihre Brust nicht, indem Sie die Arme zu weit auseinander nehmen.

•

Fühlen Sie, wie sich Ihr Brustkorb dehnt, wenn die Arme nach unten gehen und wie er sich zusammenzieht, wenn Sie die Arme nach oben heben.

•

Atmen Sie beim Heben der Hanteln aus, beim Senken ein.

2

ÜBERZÜGE MIT DER KURZHANTEL

1

Überzüge mit der Kurzhantel

Mit dieser Übung tun Sie nicht nur etwas für Ihre Brustmuskulatur, sondern Sie dehnen auch Ihren Brustkorb. Als Anfänger sollten Sie sich dabei auf eine Bank legen. Fortgeschrittene legen sich quer über die Bank, wobei nur der obere Rücken und die Schulter aufliegen. Die Füße stehen in leichter Grätschstellung fest auf dem Boden. Greifen Sie mit beiden Händen eine Kurzhantel so, dass die Daumen die Stange umfassen und die Hände übereinander liegen. Halten Sie das Gewicht mit gestreckten Armen über der Brust. Senken Sie nun die Hantel nach hinten ab und kehren Sie anschließend langsam wieder in die Ausgangsposition zurück. Beim Senken der Hantel atmen Sie ein, beim Heben atmen Sie aus.

Butterfly

Eine der beliebtesten Maschinen im Fitness-Center ist die Butterflymaschine, die ebenfalls die Brustmuskulatur trainiert. Überprüfen Sie zunächst, ob die Sitzhöhe richtig eingestellt ist. Die Oberarme müssen sich parallel zum Boden befinden. Der Rücken muss gerade gehalten und gut gestützt werden. Drücken Sie die Arme vor der Brust zusammen. Die Bewegung erfolgt, ohne Schwung zu holen und darf nicht von zu weit hinten begonnen werden, weil sonst Schultern und Brust überdehnt werden.

2

1

BUTTERFLY

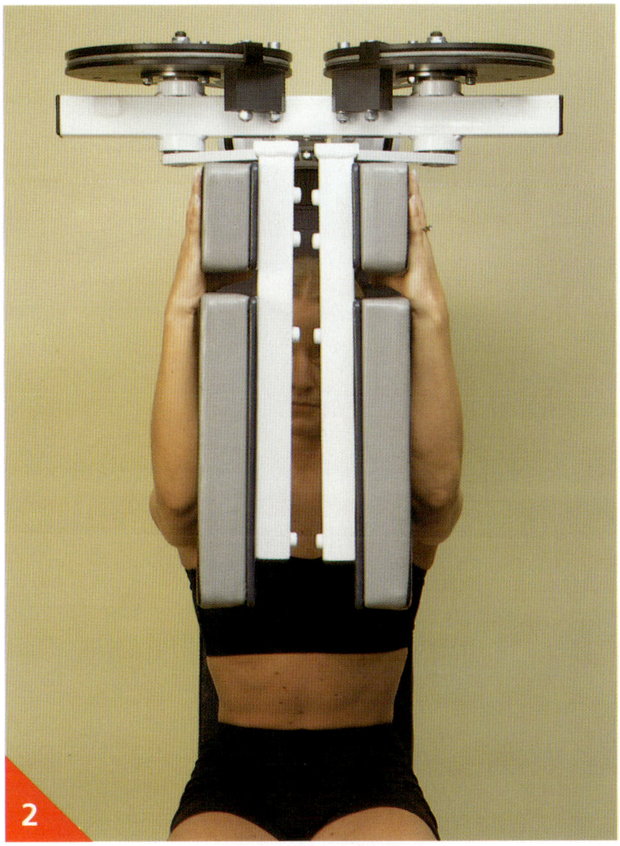
2

TRAININGSPLAN

Grundlegendes Training
Bankdrücken
3 Einheiten x 10 Wiederholungen
Fliegende Bewegung mit der Kurzhantel
3 Einheiten x 10 Wiederholungen
Butterfly
3 Einheiten x 10 Wiederholungen

Krafttraining
Bankdrücken auf der Schrägbank
4 Einheiten x 10 x 8 x 6 x 2 Wiederholungen
Fliegende Bewegung mit der Kurzhantel
4 Einheiten x 10 x 8 x 6 x 2 Wiederholungen
Butterfly
4 Einheiten x 10 x 8 x 6 x 2 Wiederholungen
Überzüge mit der Kurzhantel
4 Einheiten x 10 x 8 x 6 x 2 Wiederholungen

Ausdauertraining
Bankdrücken auf der Schrägbank
4–5 Einheiten x 14–16 Wiederholungen
Fliegende Bewegung mit der Kurzhantel
4–5 Einheiten x 14–16 Wiederholungen
Butterfly
4–5 Einheiten x 14–16 Wiederholungen
Überzüge mit der Kurzhantel
4–5 Einheiten x 14–16 Wiederholungen

BAUCHTRAINING

Viele Leute klagen, dass sie ein paar Pfund zugelegt haben. Die Hosen, die bisher gut gepasst haben, sind plötzlich zu eng und kneifen. Jeder scheint versessen darauf zu sein, straffe und gut definierte Bauchmuskeln zu bekommen.

Die Bauchmuskeln helfen beim Atmen, sie stützen die Organe und den Rücken und sie spielen bei sehr vielen alltäglichen Bewegungen, wie Bücken, Strecken und Sitzen, eine wichtige Rolle. In diesem Kapitel erfahren Sie, wie Sie Ihre Bauchmuskeln trainieren können.

Sit-ups reichen nicht aus

Ein straffer, flacher Bauch gilt als entscheidendes Schönheitsmerkmal. Wenn Sie dieses Ziel erreichen möchten, ist es wichtig, dass Sie Ausdauertraining (zum Beispiel Aerobic) mit einer gesunden Ernährung und mit Muskeltraining verbinden. Wenn Sie sich auf den Boden legen und Hunderte von Sit-ups machen, werden zwar Ihre Ausdauer und Ihre Kraft verbessert, aber Ihr Bauch wird dadurch keinesfalls flacher. Nur Ausdauertraining verringert das Körperfett wirklich effektiv, und da sich Fett besonders gern in der Bauchregion ansetzt, hilft dagegen nur die Kombination von Ausdauer- und Krafttraining.
Der gerade Bauchmuskel *(Musculus rectus abdomis)* ist ein langer, flacher Muskel, der sich vom Schambein bis hinauf zum Brustkorb erstreckt. Er wird beim Beugen des Körpers, beim Heben des Beckens und beim Senken der Rippen beansprucht. Außerdem wird er von einer Reihe von Sehnenbändern durchzogen, die einem gut trainierten Bauch das „Waschbrett"-Aussehen verleihen. Doch am wichtigsten ist, dass die Bauchmuskulatur zusammen mit den Rückenmuskeln der bedeutendste Träger unseres Skeletts ist und dass eine gut ausgebildete, kräftige Bauchmuskulatur die Wirbelsäule entlastet und somit Beschwerden im unteren Rückenbereich entgegenwirkt.
Entgegen der weit verbreiteten Meinung unterteilt sich der Bauchmuskel nicht in einen oberen und einen unteren Bereich. Es spielt also keine Rolle, welche Übung ausgeführt wird, stets ist der gesamte gerade Bauchmuskel daran beteiligt.
Am wirkungsvollsten sind die Übungen, wenn sie langsam und konzentriert ausgeführt werden, denn so entsteht die größte Muskelanspannung. Ob Sie richtig trainieren, erkennen Sie, wenn Sie bei jeder Übung ein „Brennen" in der Bauchmuskulatur spüren. Wenn Sie trotz vollkommen angespannter Muskeln viele Wiederholungen schaffen und kein Brennen fühlen, machen Sie vermutlich etwas falsch. Gehen Sie in diesem Fall nochmals die Anleitung zur jeweiligen Übung durch und lassen Sie Ihre Haltung gegebenenfalls von einer erfahrenen Person prüfen.
Die Körperhaltung spielt beim Bauchtraining eine entscheidende Rolle, weil Sie damit den häufig auftretenden Nackenschmerzen entgegenwirken können. Die Schmerzen entstehen, wenn Sie den Kopf bei den Übungen mit einsetzen und dadurch die

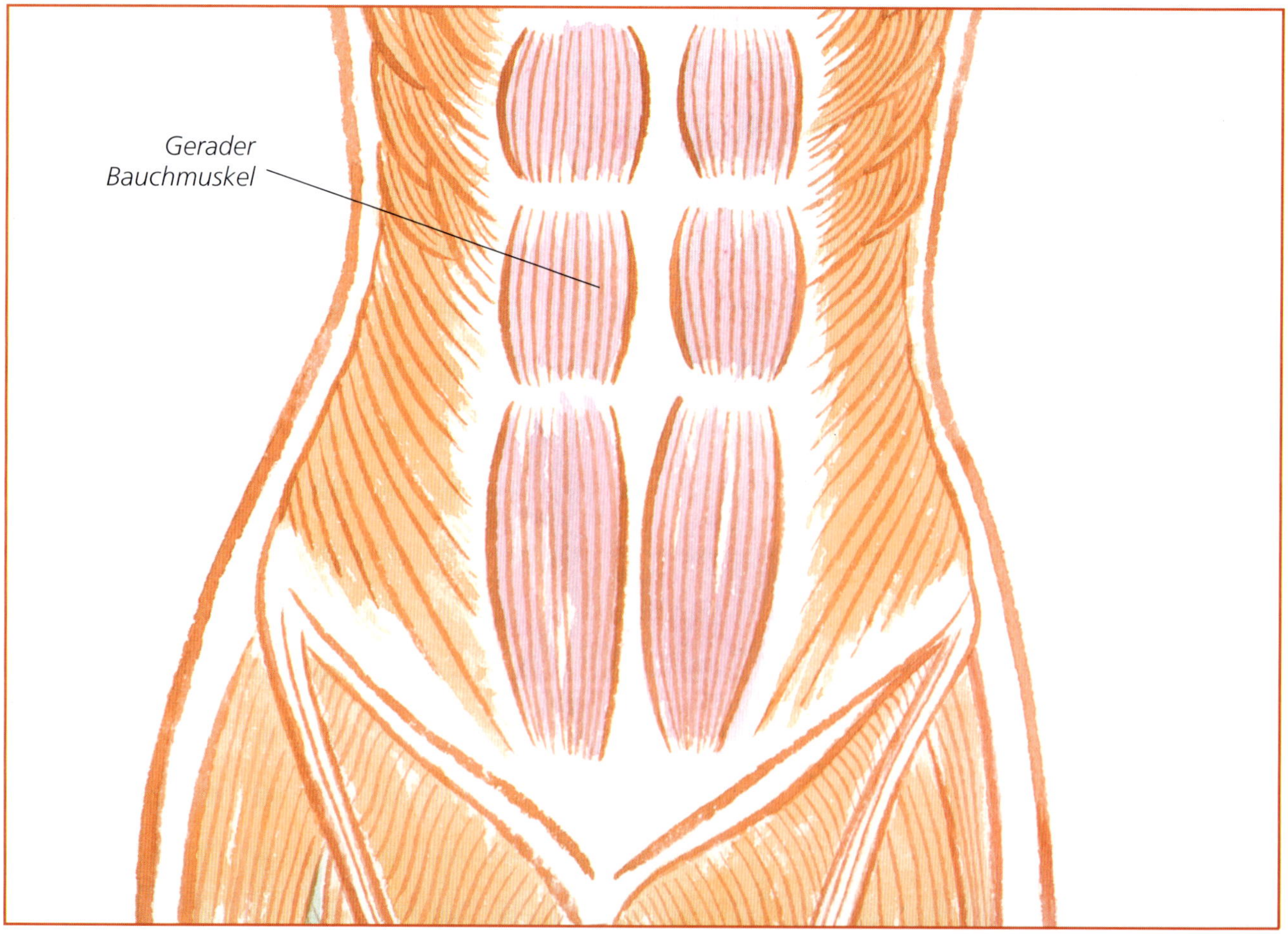

Nackenmuskeln ermüden. Lassen Sie niemals Ihre Nackenmuskulatur die Arbeit der Bauchmuskeln übernehmen! Die Linie von Kopf und Nacken sollte immer gerade sein. Wenn Sie eine Faust zwischen Kinn und Brustbein schieben können, befinden Sie sich in der richtigen Position. Der Blick sollte zur Decke gerichtet sein.
Ein weiterer Fehler beim Bauchtraining ist, die Hände hinter dem Kopf zu verschränken. Man neigt dann dazu, den Kopf nach vorne zu ziehen und belastet damit nicht nur die Nackenmuskeln, sondern auch die Halswirbelsäule.
Platzieren Sie Ihre Hände so wie auf den beiden Fotos gezeigt: entweder mit gespreizten Fingern am Hinterkopf, oder legen Sie sie im Nacken übereinander.
Es gibt viele verschiedene Möglichkeiten, um die Bauchmuskulatur zu trainieren. Sie sollten sich jedoch im Klaren darüber sein, dass Sie bei einigen Übungen, bestimmte Körperteile schädigen können, zum Beispiel die Wirbelsäule oder die Bandscheiben. Im Folgenden finden Sie deshalb eine Auswahl an Übungen, die Erfolg versprechend sind und keine Beeinträchtigung anderer Körperpartien mit sich bringen.

NICHT VERGESSEN

- **Verschränken Sie die Hände nicht hinter dem Kopf.**
- **Das Kinn darf weder auf die Brust sinken, noch zur Decke gestreckt werden.**
- **Machen Sie keine unnötigen Kopfbewegungen.**
- **Bewegen Sie die Arme möglichst wenig.**
- **Arbeiten Sie nicht mit Gewichten, wenn Sie dabei Schmerzen verspüren.**
- **Konzentrieren Sie sich auf die Hebebewegung – Hals und Schultern bleiben entspannt.**

BAUCHMUSKELCRUNCH

Bauchmuskelcrunch
Legen Sie sich mit angewinkelten Beinen auf den Rücken, die Füße stehen möglichst nahe am Gesäß. Beugen Sie die Arme so, dass die Fingerspitzen seitlich, etwa in Höhe der Schläfen den Kopf berühren und gleichzeitig die Bauchmuskulatur beim Aufrichten nicht durch die Arme unterstützt wird (siehe auch Varianten). Kopf und Schultern bleiben vollkommen entspannt. Der Nacken darf nicht gebeugt werden (nicht das Kinn zur Brust ziehen), weil dies die Atmung behindert und dem Nacken schadet. Nun kontrahieren Sie die Bauchmuskulatur, sodass Sie den Oberkörper so weit anheben können, dass nur noch die Lendenwirbelsäule den Boden berührt. Bleiben Sie kurz in dieser Haltung und gehen Sie dann in die Ausgangsposition zurück, ohne die Bauchmuskulatur ganz zu entspannen. Beim Kontrahieren atmen Sie aus, beim Entspannen ein.

Varianten
Sie können die Übung variieren, indem Sie die Position der Arme verändern:

- Die Arme vor dem Unterleib überkreuzen.
- Die Arme zur Decke strecken.
- Die Arme abwechselnd zum schräg gegenüberliegenden Knie strecken.
- Ein Fuß ruht auf dem Knie des anderen Beins. Die Hände liegen hinter dem Kopf. Ziehen Sie nun (nur mithilfe der Bauchmuskeln!) den Ellbogen in Richtung des schräg gegenüberliegenden Knies. Wechseln Sie die Beinstellung nach einigen Wiederholungen.
- In manchen Fitness-Studios gibt es ein spezielles Gerät zum Trainieren der Bauchmuskulatur. An diesem Gerät können Sie zusätzliche Varianten der Übung durchführen.

1

2

„Entspannen Sie den Oberkörper. Wenn Sie bei der Übung lächeln können, ist das ein gutes Zeichen. Die Anstrengung kommt nur aus der Bauchgegend.“

CRUNCH SEITLICH GEDREHT

Crunch seitlich gedreht
Mit dieser Übung trainieren Sie vor allem die schrägen Bauchmuskeln. Die Ausgangsposition entspricht der Ausgangsstellung der Standardübung (siehe Seite 82, *Bauchmuskelcrunch)*. Heben Sie den Oberkörper so weit, dass die Lendenwirbelsäule noch am Boden liegt. Nun drehen Sie ihn abwechselnd nach rechts und nach links.

Beinheben
Die Ausgangsposition ist die gleiche wie beim Crunch. Sie heben bei dieser Übung jedoch nicht den Oberkörper an, sondern die Knie und ziehen diese in Richtung Brust. Diese Übung belastet weder die Halswirbelsäule noch die Nackenmuskulatur und ist daher besonders gut geeignet, wenn Sie bei den Crunches schnell Schmerzen in diesen Bereichen verspüren.

TRAININGSPLAN

Dieser Plan kann von Person zu Person variieren. Folgende Übungen sind vielleicht für Anfänger zu schwierig, für Fortgeschrittene jedoch viel zu einfach. Daher dient diese Aufstellung nur als Richtlinie. Vielleicht sind Sie in der Lage fünf Einheiten mit 20 Wiederholungen auszuführen oder drei Einheiten mit 50 Wiederholungen. Denken Sie daran, Dauer oder Intensität der Übungen zu steigern, wenn ihre Durchführung zu einfach wird. Die Intensität kann zum Beispiel erhöht werden, indem Sie die Zahl der Wiederholungen bei den einzelnen Übungen steigern oder die verschiedenen Positionen einer Übung länger halten.

Crunches
3 Einheiten x 20 Wiederholungen
Crunches seitlich gedreht
3 Einheiten x 20 Wiederholungen
Beinheben
3 Einheiten x 20 Wiederholungen
Beinheben mit Beckeneinsatz
3 Einheiten x 20 Wiederholungen

BEINHEBEN MIT BECKENEINSATZ

Beinheben mit Beckeneinsatz
Legen Sie sich mit nach oben gestreckten Beinen auf den Boden, überkreuzen Sie die Füße und beugen Sie die Unterschenkel so, dass sie etwa einen 90° Winkel mit den Oberschenkeln bilden. Ziehen Sie die Knie zur Brust, bis sich das Becken leicht vom Boden hebt. Es darf sich nicht der gesamte untere Rücken heben, das könnte zu Schmerzen in der Lendenwirbelsäule führen. Die Arme liegen zur Stabilisierung fast völlig gestreckt links und rechts vom Gesäß. Diese Übung ist schwierig, wenn Ihre Muskulatur in den Oberschenkeln und am unteren Rücken schwach ist.

1

2

ÜBUNGEN FÜR DEN RÜCKEN

Gibt es etwas unangenehmeres als einen schmerzenden Rücken zu haben, der alltägliche Verrichtungen zur Qual werden lässt und die Lebensfreude erheblich schmälert? Nehmen Sie einige Übungen für die Rückenmuskulatur in Ihr Trainingsprogramm auf, um all die Rückenbeschwerden zu vermeiden, mit denen sich viele Erwachsene herumschlagen müssen. Kräftige Rückenmuskeln sind auch während der Schwangerschaft äußerst hilfreich!

Die Übungen im folgenden Kapitel dienen zum Formen und Kräftigen des Rückens.

Die Rückenmuskulatur ist eine der Hauptmuskelgruppen des Körpers. Sie spielt zum Beispiel eine wichtige Rolle bei der korrekten Körperhaltung.

Die Rückenmuskulatur

Die großen Muskeln im oberen Rücken werden von Brustkorb, Schlüsselbein und Schultergelenk eingerahmt. Der breite Rückenmuskel *(Musculus latissimus dorsi)* ist für das Beugen des Rumpfes und das Drehen des Oberarms zuständig. Der große Rautenmuskel ist ebenfalls am Beugen des Rumpfes beteiligt und dient der Fixierung des Schulterblattes. Der Trapezmuskel *(Musculus trapezius)* verläuft vom Hinterkopf bis zum letzten Brustwirbel, er hebt die Schulter und unterstützt die Bewegungen der Arme.

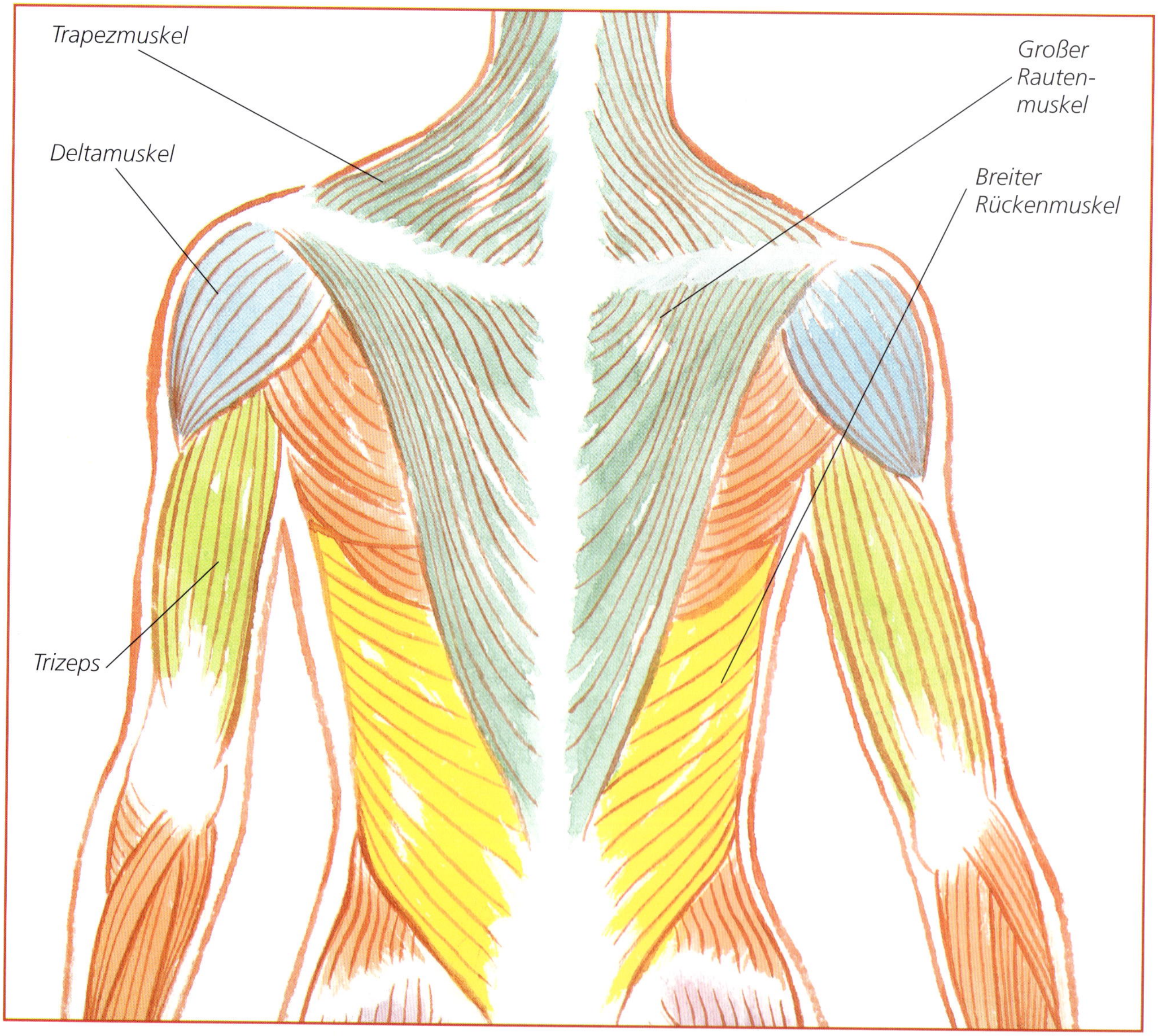

KLIMMZÜGE

Klimmzug am äußeren Griff

Klimmzug am inneren Griff

Klimmzüge

Diese Übung entwickelt den oberen Rücken, den Trapezmuskel und die Arme. Allerdings ist ihre Durchführung nicht ganz einfach.

Beim normalen Klimmzug müssen Sie Ihr Körpergewicht heben. Da dies für Anfänger fast unmöglich ist, sollten Sie zunächst mit einem halben Klimmzug beginnen und sich dann langsam steigern. Diese Übung ist äußerst effektiv, wenn sie korrekt durchgeführt wird.

Steigen Sie auf eine Bank oder einen Schemel, um die Griffe der Maschine richtig umfassen zu können. Ihre Hände sollten etwas über Schulterbreite auseinander sein. Die Beine können Sie überkreuzen, damit sie nicht schwingen. Ziehen Sie sich nun hoch, bis sich Ihr Kopf in einer Linie mit den Griffen befindet. Anfänger sollten die Griffe an der Innenseite des Gerätes benutzen, dadurch wird das Hochziehen wesentlich erleichtert.

Beim Hochziehen atmen Sie aus, beim Herablassen atmen Sie ein.

LATISSIMUSZUG

Latissimuszug
Diese Übung wird gewöhnlich an einer Zugmaschine durchgeführt und ist eine Alternative zu den Klimmzügen. Setzen Sie sich auf den verstellbaren Sitz der Maschine und fixieren Sie ihre Knie unter den dafür vorgesehenen Rollen (die Beine sollten etwa einen 90° Winkel bilden). Greifen Sie die Stange, wobei die Handinnenflächen zur Maschine zeigen, und ziehen Sie sie langsam in den Nacken. Beim Ziehen ausatmen, beim Strecken der Arme einatmen.
Als Variante können Sie eine kürzere Stange benutzen und sie nach vorne zum Brustbein herabziehen.

NICHT VERGESSEN

•

Sie dürfen nicht von der Bank gezogen werden, wenn Sie die Arme strecken.

RUDERN MIT DER KURZHANTEL

Rudern mit der Kurzhantel
Für diese Übung können Sie Arm und Bein der einen Körperhälfte zur Stabilisierung auf einer Bank abstützen, während Sie mit dem anderen Arm arbeiten. Greifen Sie die Kurzhantel und ziehen Sie sie nach oben, bis Sie beinahe Ihren Oberkörper berühren. Die Hantel und der Ellbogen sollten am Ende nach hinten und leicht nach oben zeigen. Halten Sie diese Position kurz und kehren Sie dann langsam in die Ausgangsposition zurück. Nach einigen Wiederholungen wechseln Sie die Seite.
Beim Heben des Gewichts atmen Sie aus, beim Senken atmen Sie ein.

1

2

RUDERN AM KABEL IM SITZEN

Rudern am Kabel im Sitzen
Diese Übung kräftigt vor allem den breiten Rückenmuskel, daneben aber auch den Trapezmuskel und den Bizeps. Setzen Sie sich vor eine Zugmaschine, die Beine sind ausgestreckt, die Knie jedoch nicht ganz durchgedrückt. Halten Sie den Griff so, dass Ihre Handinnenflächen zueinander zeigen und lehnen Sie sich aus der Hüfte leicht nach vorne. Ziehen Sie dann das Gewicht in Richtung Bauch. Achten Sie vor allem darauf, dass der Rücken und die Schultern dabei gerade bleiben.
Beim Vorwärtsbeugen werden die Rückenmuskeln gedehnt. Wahrscheinlich werden Sie auch ein leichtes Ziehen in der rückwärtigen Oberschenkelmuskulatur spüren.
Beim Strecken der Arme atmen Sie ein, beim Heranziehen atmen Sie aus.

2

KREUZHEBEN

Kreuzheben
Diese Übung sollten nur Fortgeschrittene oder Personen mit gut trainierter Rückenmuskulatur durchführen!
Das Kreuzheben ist eine gute Übung für den unteren Rücken. Die Füße stehen in schulterbreitem Abstand. Die Hantel wird im Obergriff gehalten, bei schwereren Gewichten bewährt sich jedoch der Wechselgriff. Gehen Sie etwas in die Knie und umfassen Sie die Hantel. Erheben Sie sich anschließend mithilfe der Bein- und Rückenmuskulatur. Achten Sie darauf, dass die Knie die ganze Zeit leicht gebeugt bleiben. Mithilfe der Rückenmuskulatur legen Sie nun das Gewicht langsam wieder zurück auf den Boden.
Beim Heben des Gewichts atmen Sie aus, beim Senken atmen Sie ein.

1

TRAININGSPLAN

Grundlegendes Training
Latissimuszug (Maschine)
3 Einheiten x 10 Wiederholungen
Rudern am Kabel
3 Einheiten x 10 Wiederholungen
Rudern mit der Kurzhantel
3 Einheiten x 10 Wiederholungen

Krafttraining
Klimmzüge
4 Einheiten x 10 x 8 x 6 x 2 Wiederholungen
Kreuzheben
4 Einheiten x 10 x 8 x 6 x 2 Wiederholungen
Latissimuszug
4 Einheiten x 10 x 8 x 6 x 2 Wiederholungen
Rudern mit der Kurzhantel
4 Einheiten x 10 x 8 x 6 x 2 Wiederholungen

Ausdauertraining
Klimmzüge
4 Einheiten x 14–16 Wiederholungen
Rudern mit der Kurzhantel
4 Einheiten x 14–16 Wiederholungen
Latissimuszug
4 Einheiten x 14–16 Wiederholungen
Rudern am Kabel
4 Einheiten x 14–16Wiederholungen

2

ÜBUNGEN FÜR BEINE UND GESÄSS

„Ich will doch keine dicken Beine bekommen." Diesen Satz hört man häufig von Frauen, die sich gegen Fitnesstraining aussprechen. Doch dies ist eine unbegründete Sorge: Durch das Trainieren mit Gewichten bekommen Sie keine dicken Beine! Beine und Gesäß werden nur durch Fett dick. Wenn Sie an einem Body-Sculpting-Training teilnehmen, konzentriert sich ein großer Teil der Übungen auf die Beine.

Die Oberschenkelmuskulatur

Den größten Teil der Oberschenkelvorderseite bildet der vierköpfige Schenkelstrecker *(Musculus quadriceps femoris)*. Hierbei handelt es sich um eine Muskelgruppe, die aus dem geraden Schenkelmuskel *(Musculus rectus femoris)* sowie dem seitlichen, mittleren und inneren Schenkelmuskel *(Musculus vastus lateralis, intermedius* und *medialis)* besteht. Hauptfunktion dieser Muskeln ist das Strecken des Knies aus gebeugter Stellung.
Der Schneidermuskel *(Musculus sartorius)* ist der längste Muskel im Oberschenkel. Er hilft beim Beugen, Strecken und Seitwärtsdrehen des Beines sowie beim Übereinanderschlagen der Beine.
Der Beinbizeps *(Musculus biceps femoris)*, der zweiköpfige Schenkelmuskel, befindet sich an der Rückseite des Oberschenkels. Er arbeitet dem Quadrizeps entgegengesetzt, das heißt, er beugt das Knie.
Außerdem gibt es noch die Beinabduktoren und -adduktoren, die die Beine spreizen bzw. wieder zusammenführen.

Die Kniebeuge
Die Kniebeuge ist eine Standardübung zur Kräftigung der vorderen Oberschenkelmuskulatur. Außerdem werden bei dieser Übung der Beinbizeps, die Gesäßmuskulatur und die Wadenmuskulatur sowie die obere und die untere Rückenmuskulatur beansprucht.
Im Fitness-Center steht für diese Übung ein spezielles Gerät bereit, auf dem eine Langhantel befestigt werden kann. Das Gewicht der Hantel sollte auf Ihren Schultern ruhen. Stellen Sie die Füße in schulterbreitem Abstand parallel zueinander. Beugen Sie nun die Knie, aber halten Sie dabei den Rücken gerade. Senken Sie das Gewicht so weit ab, bis Ihre Oberschenkel parallel zum Boden sind. Versuchen Sie nicht, noch tiefer zu kommen, das würde die Kniegelenke zu stark belasten. Nun richten Sie sich wieder zur Ausgangsposition auf. Alle Bewegungen müssen langsam durchgeführt werden.
Beim Beugen der Knie atmen Sie ein, beim Strecken aus.
Als Variante empfiehlt es sich, das Gewicht mit überkreuzten Armen vor der Schulter zu halten. Achten Sie darauf, dass Ihre Ellbogen während der Übung stets nach vorne zeigen, damit Sie den Rücken nicht abrunden und dadurch Ihre Wirbelsäule zu stark belastet wird. Sie können außerdem experimentieren, indem Sie die Füße näher zusammen oder weiter auseinander stellen.
TIPP: Richten Sie Ihren Blick während der Übung auf einen Punkt in Schulterhöhe, den Sie ständig fixieren, dann fällt es Ihnen leichter, den Rücken gerade zu halten.

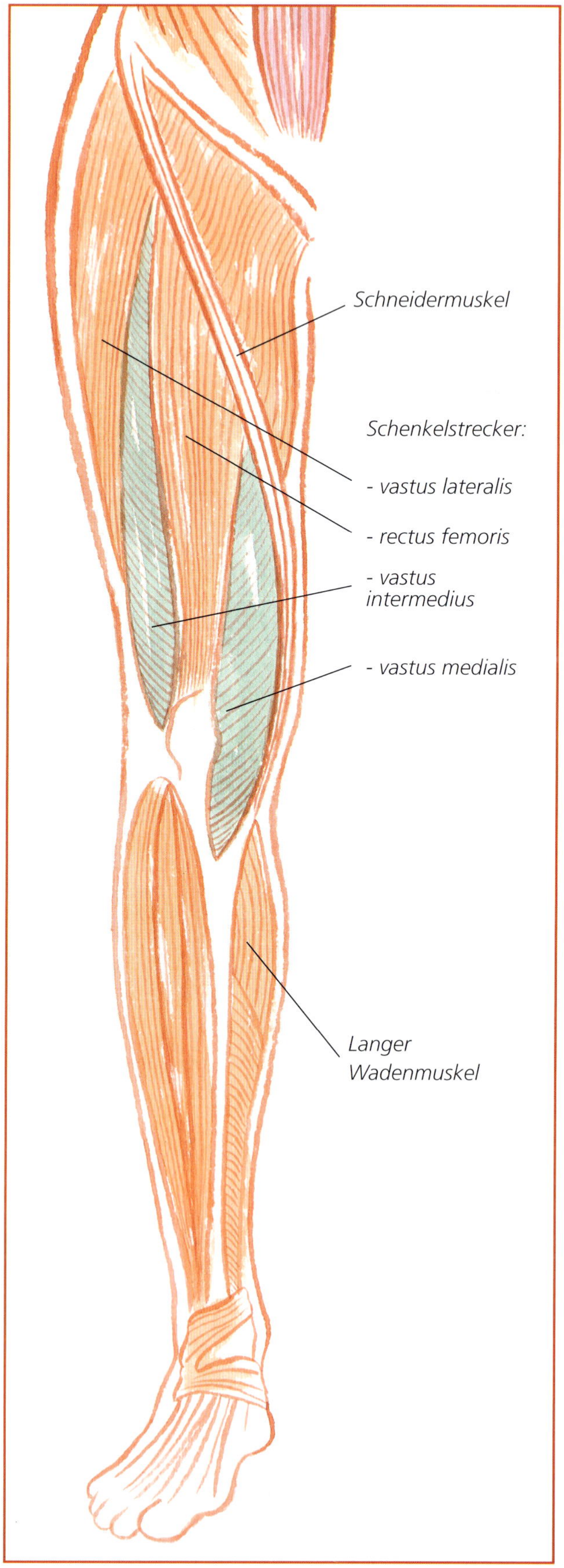

KNIEBEUGE

1

NICHT VERGESSEN

•

Halten Sie den Kopf aufrecht und den Rücken gerade.

•

Schieben Sie beim Aufrichten nicht das Becken nach vorne.

•

Die Knie müssen sich genau über den Zehen befinden und dürfen nicht nach innen oder außen gedreht werden.

2

AUSFALLSCHRITT

1

2

Ausfallschritt
Diese Übung stärkt und entwickelt die gesamte Oberschenkelmuskulatur sowie das Gesäß. Sie kann mit Lang- oder mit Kurzhanteln ausgeführt werden. Sie beginnen am besten mit leichten Kurzhanteln und steigern sich bis zur Langhantel.
Wenn Sie Kurzhanteln verwenden, müssen Sie darauf achten, dass die Arme nicht umherschwingen, sondern fest am Körper gehalten werden. Machen Sie einen Schritt nach vorne, sodass das gebeugte Knie beinahe den Boden berührt. Als Anfänger machen Sie nur einen kleinen Schritt nach vorne und gehen nicht so weit in die Knie. Im Lauf der Zeit erhöhen Sie das Gewicht und die Schrittweite. Das gebeugte Knie darf nicht nach innen oder außen gedreht werden, sondern sollte sich in einer Linie mit den Zehen befinden.
Beim Beugen des Beins atmen Sie aus, beim Strecken atmen Sie ein.

„Der Ausfallschritt ist eine tolle Übung für die Beine. Probieren Sie es aus!"

BEINSTRECKEN

Beinstrecken
Bei dieser Übung wird vor allem die vordere Oberschenkelmuskulatur trainiert. Setzen Sie sich aufrecht auf den Beinstrecker und lehnen Sie sich an. Die Kniekehlen schließen mit dem Sitzende ab, die Fußriste liegen an den Rollen an. Umfassen Sie mit den Händen die Griffe links und rechts der Maschine, um Ihren Körper während der Übung zu stabilisieren. Strecken Sie nun langsam Ihre Beine, wobei Sie darauf achten, dass die Knie auch in der Endposition leicht gebeugt sind. Kehren Sie anschließend wieder in die Ausgansposition zurück.
Eine zusätzliche Steigerung der Effektivität erzielen Sie, indem Sie das Gewicht einige Sekunden oben halten, ehe Sie die Beine wieder senken.
Beim Strecken der Beine atmen Sie aus, beim Beugen atmen Sie ein.

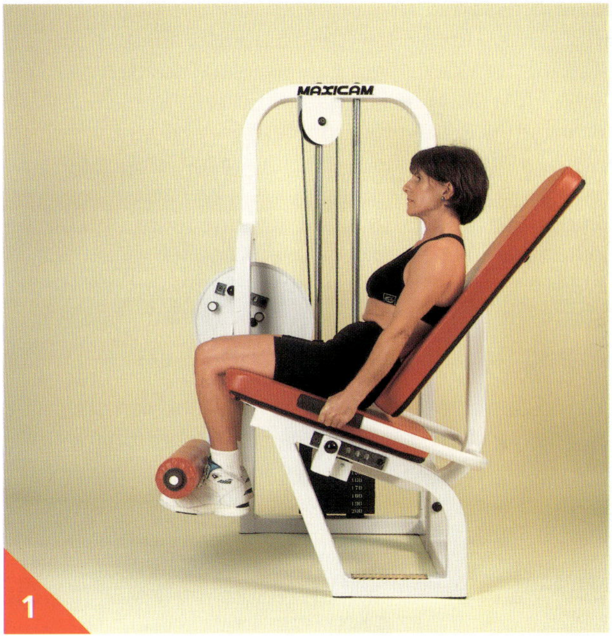

BEINPRESSEN

Beinpressen
Mit dieser Übung erreichen Sie nicht nur eine Kräftigung der Oberschenkelmuskulatur, sondern auch eine Entlastung des unteren Rückens. Je nachdem, welcher Maschinentyp in Ihrem Fitness-Studio zur Verfügung steht, kann die Übung mit unterschiedlich geneigter Bank durchgeführt werden.
In der Startposition sind die Knie gebeugt und bilden einen 90° Winkel zu den Oberschenkeln. Die Füße stehen etwa schulterbreit auseinander auf der Plattform. Die Beine werden gestreckt, indem man sie gegen die Plattform drückt. Mit den Händen umfassen Sie die Griffe, die sich an der Maschine befinden. Während der Übung muss der Rücken stets Kontakt mit der Bank haben, um einen Hohlrücken zu vermeiden, der der Wirbelsäule schaden könnte. Beim Strecken ausatmen, beim Beugen einatmen.

1

2

Der zweiköpfige Oberschenkelmuskel

Der zweiköpfige Oberschenkelmuskel *(Musculus bizeps femoris)*, der Beinbizeps, befindet sich an der Rückseite des Oberschenkels. Er arbeitet entgegengesetzt zum Quadrizeps, das heißt er ist für das Beugen und das Drehen des Unterschenkels nach außen zuständig. Außerdem sorgt er für das Strecken und die Adduktion (das Zusammenführen der gespreizten Beine) des Oberschenkels sowie für das Aufrichten des Beckens.

1

BEINBIZEPSCURL IM LIEGEN

Beinbizepscurl im Liegen
Diese Übung, die den zweiköpfigen Oberschenkelmuskel trainiert, wird an der Beincurl-Maschine ausgeführt. Dabei werden andere Muskeln kaum miteinbezogen.
Legen Sie sich bäuchlings auf die Bank, die Knie befinden sich am Ende der Bank. Die Füße drücken im Bereich der Achillessehne gegen die gepolsterte Fußstange, die Beine sind gestreckt. Umfassen Sie die Griffe, die sich links und rechts auf Kopfhöhe befinden, um Ihren Körper während der Übung zu stabilisieren. Beugen Sie nun die Knie, sodass sich die Füße aufwärts in Richtung Gesäß bewegen. Die Hüfte darf sich dabei nicht von der Bank heben.
Drücken Sie das Becken fest gegen die Bank, damit auch der Rücken gerade bleibt.
Führen Sie die Bewegung langsam und konzentriert aus. Die Wirkung der Übung kann verstärkt werden, indem Sie das Gewicht zwei bis drei Sekunden in der Endposition halten, ehe Sie es langsam wieder absenken.
Beim Beugen der Knie atmen Sie aus, beim Strecken ein.
TIPP: Viele Fittness-Studios bieten die Möglichkeit, diese Übung auch im Stehen, an einer entsprechenden Maschine auszuführen. Hierbei wird jedes Bein einzeln trainiert.

2

WADENHEBEN IM STEHEN

WADENHEBEN IM STEHEN

Die Wadenmuskulatur

Diese Muskelgruppe ist am anfälligsten für Verletzungen, wenn sie nicht vor dem Training ausreichend aufgewärmt und gedehnt wurde. Die zwei wichtigsten Muskeln für unser Trainingsprogramm sind der Zwillingswadenmuskel *(Musculus gastrocnemius)* und der Schollenmuskel *(Musculus soleus)*, die sich beide auf der Rückseite des Unterschenkels befinden. Der erste beugt den Fuß und das Bein, der zweite ist nur für das Beugen des Fußes zuständig.

Wadenheben im Stehen
Dies ist eine der wichtigsten Übungen für die Wadenmuskulatur. In vielen Fitness-Centern gibt es auch eine Maschine, mit der Sie diese Übung durchführen können. Ohne Maschine gehen Sie folgendermaßen vor: Stellen Sie sich nur mit dem vorderen Teil der Füße auf ein Podest, eine Treppe oder einen Schemel. Die Fersen hängen in der Luft. Stellen Sie sich nun so hoch es geht auf die Zehenspitzen und senken Sie Ihren Körper so weit wie möglich wieder ab. Wichtig ist, dass Sie dabei weder die Hüften nach vorne bewegen noch den Rücken krümmen. Sie können die Übung variieren, indem Sie die Zehen nach außen oder nach innen drehen. Wenn Sie die Übung im Sitzen durchführen möchten, halten Sie eine Hantel quer über den Oberschenkeln und heben Sie die Zehen vom Boden hoch. Auch dafür steht in manchen Fitness-Centern eine Maschine zur Verfügung.
Wenn Sie Ihren Körper heben, atmen Sie aus, beim Absenken des Körpers atmen Sie ein.

„Muskulöse, schlanke Beine und ein straffes Gesäß können Sie mit wenig Aufwand erreichen.“

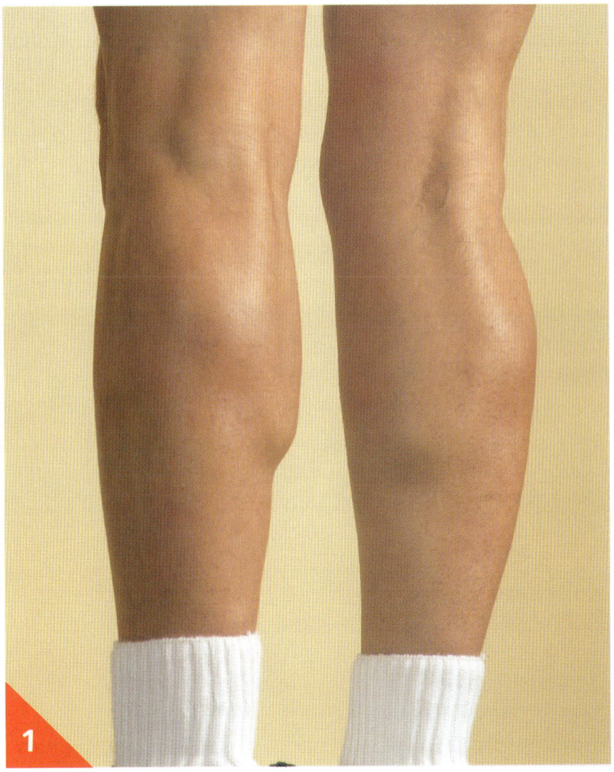
1

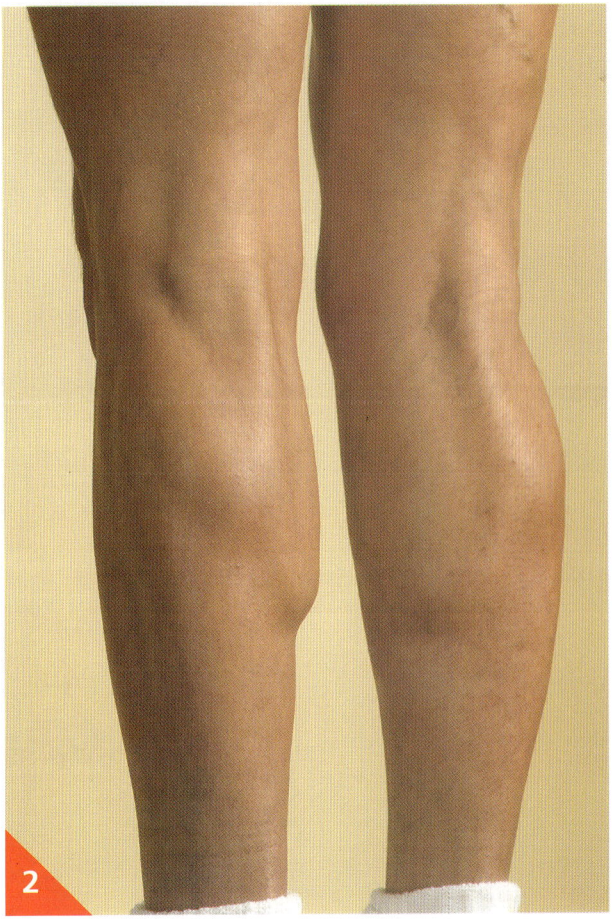
2

Das Gesäß

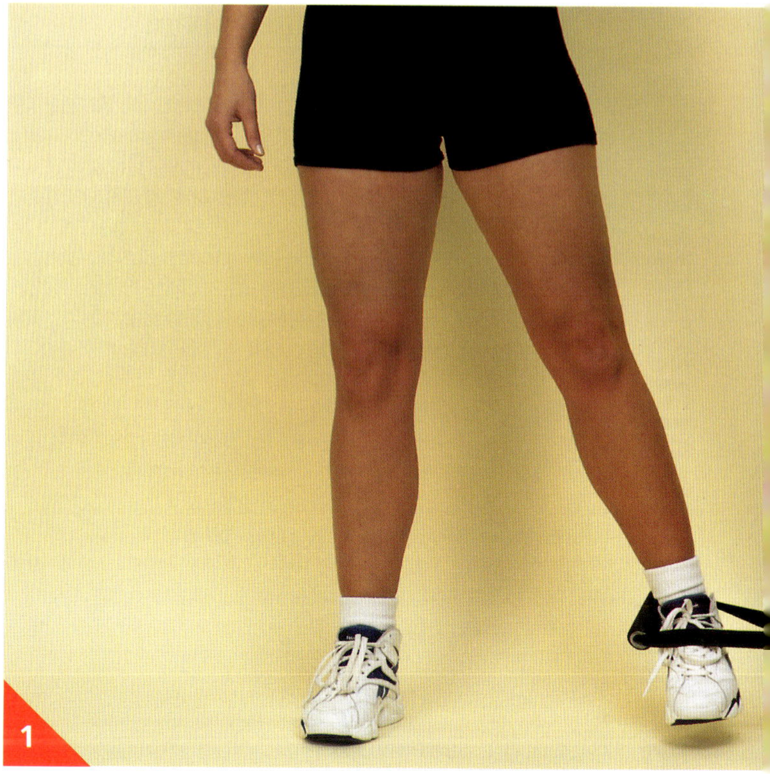

Gesäß- und Beinmuskulatur sind eng miteinander verbunden, sodass viele Übungen für die Beine die Gesäßmuskeln mitbearbeiten. Wenn Sie im Hüft- und Gesäßbereich abnehmen möchten, müssen Sie neben dem Krafttraining auch Aerobic machen und Ihre Essgewohnheiten ändern.
Die Hauptmuskeln am Gesäß sind der große und der mittlere Gesäßmuskel *(Musculus glutaeus maximus* und *Musculus glutaeus medius)*. Ersterer ist unter anderem für das Strecken des Oberschenkels und das Aufrichten des Beckens zuständig, Letzterer für die Neigung des Beckens und die Abduktion (das Spreizen der Beine) des Oberschenkels.
Die folgenden Übungen bearbeiten hauptsächlich die Innen- und Außenseite der Oberschenkel.

Kabeladduktion
Diese Übung ist zum Beenden eines Trainings gut geeignet. Stellen Sie sich seitlich zur Zugmaschine und schlüpfen Sie mit dem Fuß in die Schlaufe. Ziehen Sie das Bein zum Körper und bewegen Sie es dann langsam in die Ausgangsposition zurück. Beim Ziehen atmen Sie aus, beim Zurückbewegen ein.

KABELADDUKTION

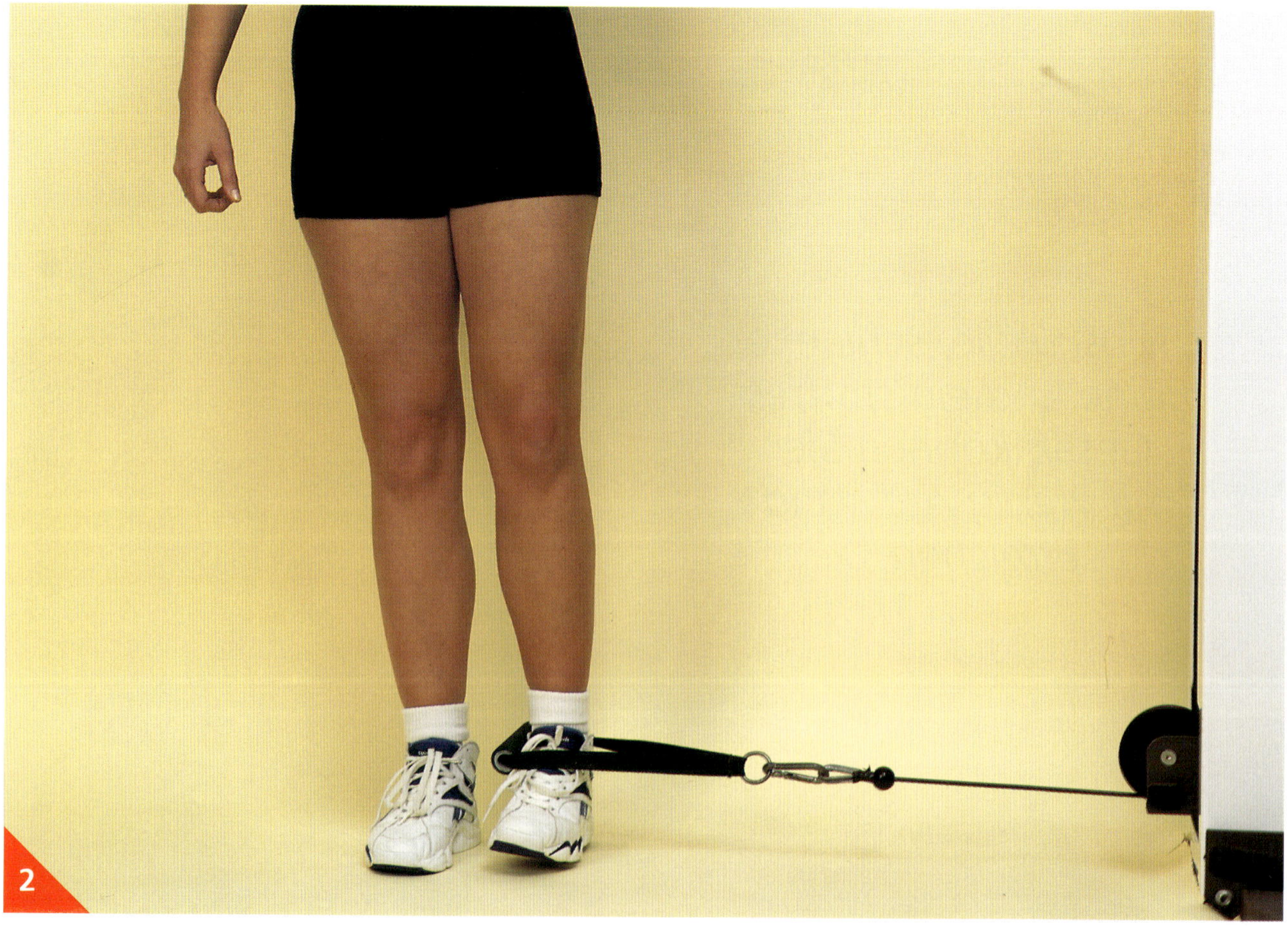

KABELABDUKTION

Kabelabduktion
Diese Übung wird ähnlich wie die vorhergehende durchgeführt, nur dass die Schlaufe diesmal um den Fuß gelegt wird, der weiter von der Maschine entfernt ist. Ziehen Sie das Bein nun so weit wie möglich vom Körper weg. Zur Stabilisierung des Körpers umfassen Sie den Handgriff.
Beim Ziehen atmen Sie aus, beim Zurückgehen in die Ausgangsposition atmen Sie ein.

TRAININGSPLAN

Grundlegendes Training
Beinstrecken
3 Einheiten x 10 Wiederholungen
Beinbizepscurl im Liegen
3 Einheiten x 10 Wiederholungen
Wadenheben im Stehen
3 Einheiten x 10 Wiederholungen
Ausfallschritt
3 Einheiten x 10 Wiederholungen

Krafttraining
Kniebeugen
4 Einheiten x 10 x 8 x 6 x 2 Wiederholungen
Beinpressen
4 Einheiten x 10 x 8 x 6 x 2 Wiederholungen
Beinstrecken
4 Einheiten x 10 x 8 x 6 x 2 Wiederholungen
Beinbizepscurl im Liegen
4 Einheiten x 10 x 8 x 6 x 2 Wiederholungen
Wadenheben im Stehen
4 Einheiten x 10 x 8 x 6 x 2 Wiederholungen

Ausdauertraining
Beinpressen
4 Einheiten x 14–16 Wiederholungen
Beinstrecken
4 Einheiten x 14–16 Wiederholungen
Beinbizepscurl im Liegen
4 Einheiten x 14–16 Wiederholungen
Wadenheben im Stehen
4 Einheiten x 14–16Wiederholungen

Variieren Sie Ihr Training durch Adduktions- und Abduktionsübungen für die Innen- und Außenseite der Oberschenkel.

1

2

DIE ERNÄHRUNG

Es ist nicht leicht, von Fast-Food zu einer fettarmen, ballaststoffreichen Ernährung zu wechseln. Wenn die Nahrungsmittel aber vernünftig und auf Ihre Bedürfnisse zugeschnitten zusammengestellt werden, können sie eine positive und erfreuliche Erfahrung sein. Ständig Kalorien zu zählen und sich täglich auf die Waage zu zwingen ist allerdings nicht das, was man unter angenehmer Lebensweise versteht. Sie haben beim Essen die Wahl, also suchen Sie sich das aus, was vernünftig ist und Ihnen schmeckt.

Dieses Kapitel gibt einen Überblick über die Nahrungsmittel, die Sie im Rahmen einer gesunden Ernährung bevorzugen bzw. meiden sollten.

Wenn es um die Ernährung geht, wissen wir für gewöhnlich sofort, was nicht gut für uns ist: Schokolade, Chips, Hamburger, Kuchen, Eiscreme und salzige Snacks. Gleichzeitig wissen wir auch, wovon wir mehr zu uns nehmen sollten: Ballaststoffe, Obst und Gemüse. Das Problem ist jedoch, dass Fast-Food unserem hektischen Alltag mehr entgegenkommt. Wenn man es eilig hat, ist es einfacher, zum Schokoriegel zu greifen, als sich einen Salat zuzubereiten. Man darf jedoch nicht vergessen, dass die Nahrung, die wir zu uns nehmen, Teil eines komplexen Vorgangs ist, der unserem Körper den nötigen Antriebsstoff liefert. Nur mit dem besten Antriebsstoff bringt unser Körper auch seine optimale Leistung.
Unsere Nahrung besteht aus Fetten, Kohlenhydraten, Mineralstoffen, Proteinen und Vitaminen. Sich vernünftig zu ernähren heißt nicht, ohne Abwechslung auf dem Speiseplan zu leben, im Gegenteil, dem Genuss sind keine Grenzen gesetzt.

„Eine vernünftige und ausgewogene Ernährungsweise kann eine sehr positive Erfahrung sein."

Kohlenhydrate

Kohlenhydrate sind die größten Energielieferanten des Körpers. Sie sind der Haupttreibstoff der Muskeln und dienen als Energiespeicher. Sie werden in Muskeln und Leber deponiert und sind so jederzeit verfügbar. Idealerweise sollten sie 60 % unserer Nahrung ausmachen, wobei man jedoch zwischen einfachen und komplexen Kohlenhydraten unterscheiden muss.

Einfache Kohlenhydrate besitzen eine einfache Molekularstruktur, sodass der Körper sie leicht verdauen kann. Meistens bestehen sie aus Zuckerstoffen, wie beispielsweise Glukose und Fruktose, und schmecken süßlich.
Zu dieser Gruppe zählen Honig, Zucker, Obst, Gemüse, Schokolade, Süßigkeiten, Eiscreme, Marmelade und Kekse.

Komplexe Kohlenhydrate verfügen über eine komplexe Struktur und enthalten vorwiegend Stärke. Zwar verwandelt sie der Körper ebenfalls in Glukose, aber dies dauert wesentlich länger als bei den einfachen Kohlenhydraten.
Komplexe Kohlenhydrate sind in Brot, Nudeln, Reis, Getreide, Hülsenfrüchten und Kartoffeln enthalten .

Proteine (Eiweiße)

Proteine sind die Bausteine des Körpers und bestehen aus komplexen chemischen Molekülen. Sie werden zum Aufbau der 20 unterschiedlichen Aminosäuren benötigt, von denen acht lebensnotwendig (essentielle Aminosäuren) sind.
Die wichtigsten Proteinlieferanten sind rotes Fleisch, Geflügel, Fisch, Milch, Milchprodukte und Eier. Falls Sie Vegetarier sind: Milch, Milchprodukte und Eier sind als Proteinquellen ausreichend. Um als Veganer genügend Proteine zu erhalten, muss man auf eine Kombination von Getreide, Gemüse und Nüssen zurückgreifen.

Unterstützen Proteine das Krafttraining?

Früher glaubte man, Athleten, und insbesondere Gewichtheber, müssten hohe Mengen an Proteinen zu sich nehmen. Man ging davon aus, dass sie dann mehr Muskelmasse zulegen. Das ist jedoch nicht der Fall: Training lässt Muskeln wachsen, nicht eine Extraportion an Proteinen.
Deshalb haben ein Bodybuilder und ein Marathonläufer ähnliche Ernährungspläne: 60–70 % Kohlenhydrate und 15–20 % Proteine. Proteine sind wichtig für die Erneuerung der Zellen und das Regenerieren von beschädigtem Gewebe. Wenn man dem Körper mehr zumutet als er gewohnt ist, kann es leicht zu einer solchen Beschädigung kommen. Übrigens: Zu viele Proteine werden in Fett umgewandelt und im Körper gespeichert!

Fette

Fette bestehen aus Glycerin und Fettsäuren, wobei man zwischen gesättigten und ungesättigten Fettsäuren unterscheidet. Für unseren Körper sind die so genannten „essentiellen Fettsäuren", eine Form der ungesättigten Fettsäuren, lebenswichtig. Sie können zwar nicht vom Körper selbst aufgebaut werden, aber man findet sie in pflanzlichen Fetten wie Maiskeimöl oder Margarine.

Fette erfüllen wichtige Aufgaben: Sie bieten Schutz vor Wärmeverlust, schützen die Organe, sind Träger fettlöslicher Vitamine und Energiespeicher.

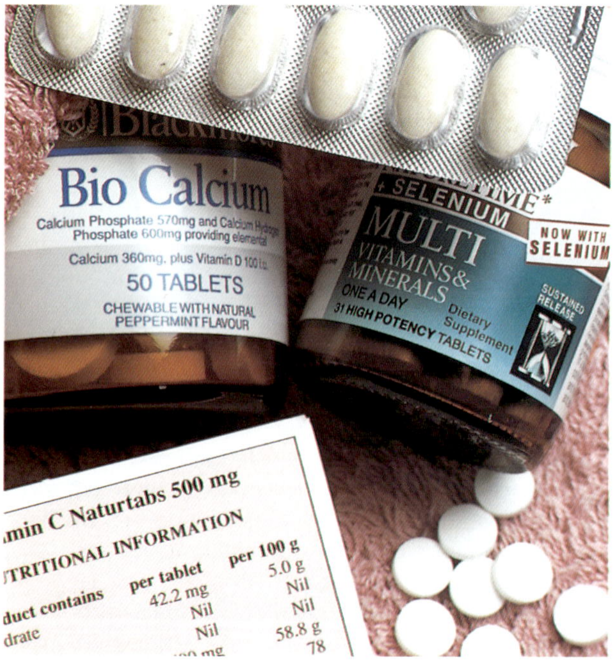

Vitamine

Dieses Wort bedeutet „lebenswichtiger Wirkstoff". Der Körper kann die meisten Vitamine nicht selbst herstellen, benötigt sie aber für die Gesunderhaltung und für die Leisungsfähigkeit. Obst und Gemüse sind reich an Vitaminen.

Mineralstoffe

Mineralstoffe sind ebenso wichtig für den Körper wie Vitamine. Sie regulieren chemische Vorgänge und die Körperfunktionen. Außerdem sind sie verantwortlich für die Erhaltung und den Aufbau der Knochenstruktur. Zu den wichtigsten Mineralstoffen zählen Kalium, Kalzium, Magnesium, Natrium und Phosphat.

Spurenelemente sind eine Untergruppe der Mineralstoffe. Sie werden zwar in geringerer Menge benötigt, sind aber ebenso lebenswichtig. Hierzu zählen zum Beispiel Eisen, Fluor, Jod, Kupfer und Zink.

Wasser

Unser Körper besteht zu etwa 70 % aus Wasser. Während er eine relativ lange Zeit ohne Nahrung auskommen kann, überlebt er ohne Wasser nicht länger als drei bis vier Tage. Wasser ist zum Beispiel wichtig für die Körpertemperatur. Es wird stets empfohlen, viel Wasser zu trinken, da wir durch Schwitzen und Ausscheiden ständig Wasser verlieren. Besonders wichtig ist die Flüssigkeitszufuhr während des Trainings, weil dabei sowohl die Körpertemperatur erhöht ist als auch der Wasserverlust groß ist. Am besten nehmen Sie natürliches Mineralwasser zu sich, das möglichst wenig Kohlensäure enthält.

Ausgewogene Nahrungsaufnahme

Wenn Sie Ihre Muskeln stärker definieren wollen, müssen Sie Ihre Fettaufnahme reduzieren. Halten Sie sich an eine Diät mit komplexen Kohlenhydraten, ungesättigten Fettsäuren und vielen Vitaminen. Sie werden sich am Essen erfreuen, Fett reduzieren und genug Energie für das Training aufbringen.

Nur wenn man über die Nährstoffe im Essen Bescheid weiß, kann man entscheiden, was für das eigene Wohlbefinden geeignet ist. Man kann die Nahrung in sechs Gruppen einteilen.

Nahrungsgruppe	Nährstoffe
Getreide(produkte), Kartoffeln	Ballaststoffe, komplexe Kohlenhydrate, Proteine, Vitamine
Obst	Mineralstoffe, Vitamine
Gemüse, Hülsenfrüchte	Ballaststoffe, einfache und komplexe Kohlenhydrate, Fette, Proteine Vitamine
Milch(produkte)	Fette, Proteine, Vitamin A, B, D
Eier, Fleisch, Fisch	Eisen, Fette, Jod, Proteine, Vitamin B,
Fette, Öle	essentielle Fettsäuren, Vitamin A, D und E

So sieht eine gesunde Ernährung aus
Essen Sie mehr Reis, Getreide(produkte), Nudeln, Hülsenfrüchte, Obst, Gemüse, Geflügel und Fisch. Reduzieren Sie Fette (vor allem solche, die aus gesättigten Fettsäuren bestehen), Öle, gezuckerte Getränke, Alkohol, süße und salzige Snacks, Kuchen und Gebäck.

Braucht man zusätzliche Nährstoffe?

Der Verkauf von Vitaminen und Mineralstoffen ist heutzutage ein Millionengeschäft. Der Grund, weshalb sich die künstlichen Nährstoffe so gut verkaufen, liegt wieder einmal in unseren schlechten Essgewohnheiten. Sie wissen jedoch mittlerweile, dass schlechte Essgewohnheiten dem Körper nicht genügend Kraft für seine Arbeit geben. Die Einnahme von Zusatzstoffen genügt nicht, um die fehlenden lebenswichtigen Elemente zu ersetzen. Deshalb sollten Sie auf eine ausgewogene Ernährung achten, die durch entsprechende Vitaminpräparate zwar unterstützt, jedoch nicht ersetzt werden kann.

„Eine ausgewogene Ernährung und ein optimales Trainingsprogramm wirken sich positiv auf Ihre Fitness aus."

Cellulite

Cellulite ist eine Veränderung des subkutanen Fettgewebes im Bereich von Gesäß und Oberschenkeln, die vor allem bei Frauen auftritt, die dazu neigen, übermäßig Fett in diesen Bereichen anzusetzen. Nur durch regelmäßiges Körpertraining in Verbindung mit Ausdauertraining kann man „Orangenhaut" in den Griff bekommen.

Definierte Muskeln

Wenn Sie möchten, dass sich Ihre Muskeln unter der Haut abzeichnen, müssen Sie diese aufbauen und Fett reduzieren. Mit Hungern erreichen Sie nur wenig, wenngleich bekannt ist, dass viele Bodybuilder sich einer äußerst strengen Diät unterwerfen, vor allem in den Wochen vor einem Wettbewerb. Bei solchen Diäten werden Proteine und Kohlenhydrate reduziert, aber auch die Wasseraufnahme, damit die Venen gut sichtbar werden. Das Abwiegen der Nahrung und das Kalorienzählen gehören in dieser Zeit zum Alltag. Bodybuilder können Ihnen aber auch erzählen, wie erschöpft sie sind, weil sie zu wenig essen, also denken Sie darüber nach, ehe Sie sich dieser Tortur aussetzen. Richten Sie sich lieber nach den Tipps für eine gesunde Ernährung.

VERLETZUNGEN

Für Athleten bedeutet eine Verletzung die absolute Katastrophe, denn sie macht häufig das jahrelange harte Training zunichte. Viele Verletzungen, die beim Trainieren mit Gewichten auftreten, können verhindert werden, wenn man sich genügend Zeit für das Aufwärmen und das Stretching nimmt und wenn man sich beim Training genau an die Vorschriften hält. Nichts dämpft die Begeisterung mehr als Schmerzen oder Muskelkater. Das folgende Kapitel zeigt, wie Sie Verletzungen vermeiden und kleinere Verletzungen selbst behandeln können.

Kommt man ohne Schmerzen nicht ans Ziel?

Als Anfänger ist es wichtig, dass Sie mit leichten bis mittelschweren Gewichten und wenig Einheiten beginnen.

Schmerzen und Muskelkater mögen sich vielleicht ähnlich anfühlen, aber es gibt doch einen entscheidenden Unterschied. Muskelkater ist eine natürliche Begleiterscheinung, wenn der Körper über das gewohnte Maß hinaus arbeiten muss. Er kann 12 bis 48 Stunden nach dem Training auftreten und einige Tage anhalten. Es gibt noch eine andere Art von Muskelkater, der sich bereits während der Übungen bemerkbar macht und einen brennenden Schmerz verursacht. Beide Arten weisen jedoch nicht auf eine Verletzung hin.

Beim Schmerz ist das allerdings eine andere Sache. Der Körper sendet dieses Signal aus, um auf eine Verletzung oder eine potentielle Verletzung aufmerksam zu machen. Die Schmerzrezeptoren befinden sich in den Gelenken und in den Muskeln und fühlen, wenn dem Körper Schaden zugefügt wird. Sie dürfen auftretende Schmerzen keinesfalls ignorieren, denn damit sagt Ihnen Ihr Körper, dass etwas nicht in Ordnung ist.

„Trainieren Sie vernünftig und Sie erreichen Ihr Ziel ohne Schmerzen."

Wie kommt es zu Verletzungen?

Die übelsten Verletzungen, die beim Training im Fitness-Center auftreten können, sind Muskelfaserrisse (durch unkorrektes oder zu schweres Heben) sowie Verletzungen an den Gelenken. Die empfindlichsten Gelenke sind: Knie, Ellbogen, Schultern und Hüfte. Muskeln, Sehnen und Bänder können überdehnt oder gezerrt werden durch:

- zu schnelles Ausführen der Übungen
- übertriebenes Ausführen der Bewegungen
- Gewichtheben ohne Aufwärmtraining
- ruckartige, unkontrollierte Bewegungen beim Gewichtheben.

Vielen Verletzungen kann vorgebeugt werden, indem man einige einfache aber überaus wichtige Regeln befolgt.

Prüfen Sie die Geräte
Überprüfen Sie gründlich jedes Gerät, das Sie benutzen. Die Gewichte an den Kurz- und Langhanteln müssen sorgfältig befestigt sein, damit sie nicht herunterfallen. Schauen Sie sich auch die Gewichte an den Maschinen an. Wenn Sie eine Maschine kurzzeitig verlassen, überprüfen Sie bei Ihrer Rückkehr, ob nicht jemand inzwischen das Gewicht verändert hat.
Wenn Sie schwere Gewichte verwenden, bitten Sie jemanden um Hilfestellung, denn wenn Sie bei einer Übung plötzlich keine Kraft mehr haben, kann derjenige das Gewicht für Sie halten (genieren Sie sich nicht, jemanden zu fragen, der weiß, wie man Hilfestellung leistet).

Korrekte Haltung und Technik
Achten Sie beim Training stets auf eine korrekte Haltung und eine gute Technik, um Verletzungen vorzubeugen.

Übertreiben Sie das Training nicht
Denken Sie daran, wie wichtig es ist, das Training langsam anzugehen. Machen Sie genügend Pausen und übertreiben sie es nicht mit den Übungen. Ein gewisser Fortschritt muss jedoch sein, damit sich das Trainieren lohnt. Wie so oft, ist auch hier die goldene Mitte der richtige Weg: Wenn Sie zu vorsichtig sind, wird das Training zur langweiligen Routine, wenn Sie zu viel verlangen, verlieren Sie schnell die Motivation. Am besten teilen Sie das Training auf, sodass sie beispielsweise an einem Tag die Beine trainieren und am nächsten Tag den Oberkörper.

Achten Sie auf die Signale Ihres Körpers

Wenn Sie die Warnsignale Ihres Körpers missachten (zum Beispiel Schwellungen oder Muskelschmerzen) können ernsthafte Verletzungen auftreten. Eine Schwellung können Sie leicht ausfindig machen. Der Bereich ist dicker, gerötet und etwas wärmer als der Rest des Körpers. Eine Schwellung deutet immer auf eine Verletzung hin und darf nicht unbehandelt bleiben.
Muskelschmerzen können sich während des normalen Trainings bemerkbar machen. Es ist wichtig, dass Sie beim Bearbeiten einer bestimmten Muskelgruppe immer wieder genügend lange Pausen einhalten, damit sich diese erholen kann.

Wie man Verletzungen behandelt

Viele Verletzungen kann man selbst behandeln, ohne professionelle Hilfe in Anspruch nehmen zu müssen. Dazu gehören beispielsweise Verstauchungen und Zerrungen.

- Halten Sie den verletzten Körperteil ruhig und vermeiden Sie alle Bewegungen, die Schmerzen verursachen.
- Kühlen Sie die verletzte Stelle ungefähr 20 Minuten lang mit einer Eiskompresse.
- Legen Sie den verletzten Körperteil hoch, um den Blutfluss durch die verletzte Stelle zu verringern und die Entzündungsgefahr abzuschwächen.

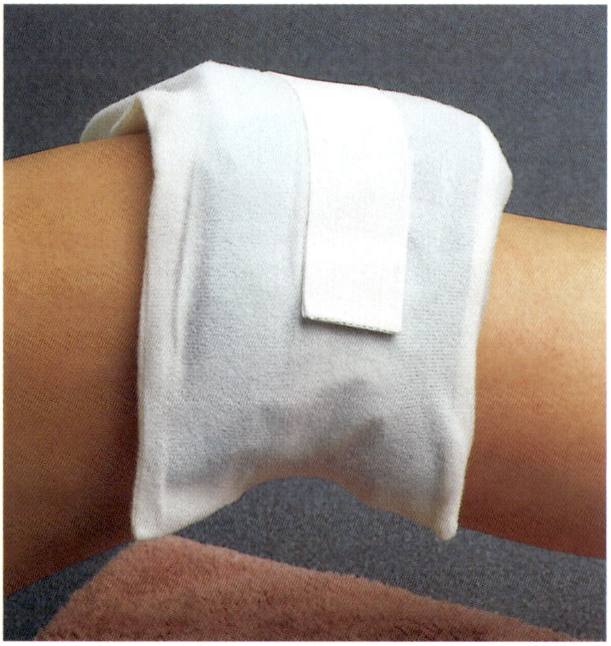

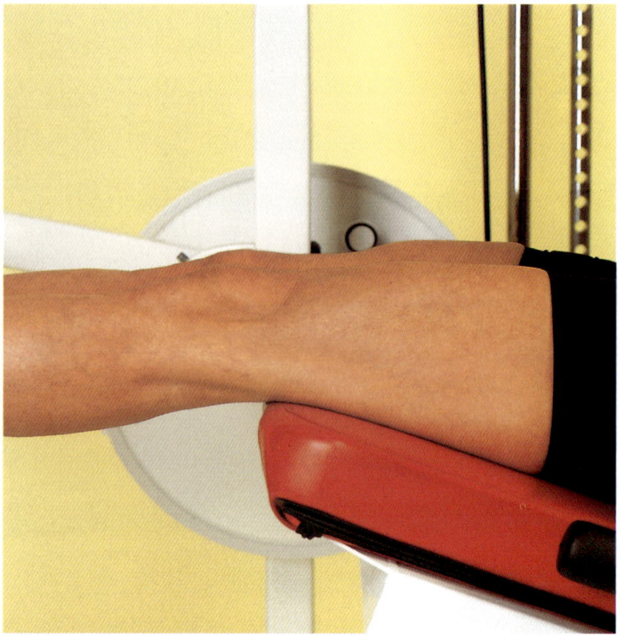

Verletzungsarten

Muskelverletzungen

Die häufigste Verletzung am Muskel ist der Muskelfaserriss, der in drei Grade eingeteilt wird. Bei einem Riss ersten Grades ist die gerissene Stelle nur etwas druckempfindlich. Vom zweiten Grad spricht man, wenn plötzliche Schmerzen und eine Schwellung auftreten. Risse des dritten Grades müssen operativ behoben werden.

Sehnenverletzungen

Sehnen verbinden Muskeln und Knochen miteinander und sind besonders beim Training großen Belastungen ausgesetzt. Verletzungen an den Sehnen treten dann auf, wenn diese überdehnt werden oder sich durch Überbelastung entzünden (Sehnenentzündung). Behandeln Sie solche Verletzungen wie bereits beschrieben durch Hochlegen und Kühlen. Derartige Verletzungen lassen sich dadurch vermeiden, dass Sie Ihren Körper intensiv aufwärmen und dehnen.

Bänderverletzungen

Bänder verbinden Knochen mit Knochen. Eine Verletzung der Bänder nennt man Verstauchung. Da die Bänder nur wenig durchblutet sind, heilen sie relativ langsam. Am häufigsten verstaucht man sich die Fußgelenke und die Knie. Helfen Sie sich auch bei dieser Art von Verletzung mit Hochlegen und Kühlen. Wenn die Schmerzen jedoch länger als 36 Stunden anhalten, müssen Sie unbedingt einen Arzt aufsuchen!

Nützliche Tipps:

1. Wärmen Sie sich immer gut auf bevor Sie mit dem Training beginnen.

2. Machen Sie vor und nach dem Training Dehnübungen

3. Achten Sie auf die Warnsignale Ihres Körpers.

4. Übertreiben Sie das Training nicht.

5. Trainieren Sie mit der richtigen Technik und der korrekten Haltung.

6. Behandeln Sie Verletzungen sofort mit Hochlegen und Kühlen.

7. Suchen Sie bei anhaltenden Schmerzen einen Arzt auf.

BLEIBEN SIE MOTIVIERT

Viele Leute schließen einen Fitnessvertrag ab, legen sich eine komplette Ausrüstung zu und erscheinen dann nach kurzer Zeit nicht mehr im Studio, obwohl sie wissen, welche gesundheitlichen Vorteile das Training mit sich bringt. Es unterstützt die Regulierung des Blutdrucks, es steigert Wohlbefinden und Selbstbewusstsein ... Und trotzdem fällt es leicht, sich das regelmäßige Training zu verkneifen. In diesem Kapitel finden Sie Tipps und Ratschläge, wie Sie motiviert bleiben und an Ihrem Trainingsprogramm festhalten.

Viele Frauen entschuldigen sich mit chronischem Zeitmangel. Die meisten von ihnen mühen sich tagtäglich damit ab, Beruf, Haushalt und Kinder unter einen Hut zu bringen. Ein nervenaufreibendes und ermüdendes Unterfangen, darüber besteht kein Zweifel. Der Tag hat jedoch viele Stunden. Bleibt da wirklich nicht ein wenig Zeit, die man zur freien Verfügung hat? Nutzen Sie diese Zeit und tun Sie etwas Positives für sich.

Ein weiterer häufig angeführter Grund, warum man sein Trainingsprogramm nicht durchhält, ist, dass es keinen Spaß macht. Sich fit zu halten, kann jedoch sehr wohl Spaß machen, wenn man das richtige Programm hat und es konsequent durchführt, um ein Resultat zu sehen. Dazu ist es zunächst einmal wichtig, seine Ziele realistisch einzuschätzen. Einfach nur zu sagen: „Ich will fit werden", ist zu allgemein. Formulieren Sie Ihr Ziel genauer, zum Beispiel: „Ich will meinen Ruhepuls um 10 Schläge pro Minute senken" oder „ich will das Gewicht, mit dem ich arbeite, innerhalb von zwei Monaten um 5 kg erhöhen" oder „ich will 20 Push-ups schaffen".

Der Schlüssel zum Durchhalten eines Trainingsprogramms liegt im Befolgen einiger einfacher Regeln.

Setzen Sie sich ein Ziel

Fassen Sie nicht den Neujahrsvorsatz stark, fit und gesund zu werden. Setzen Sie sich vielmehr sowohl lang- als auch kurzfristige Ziele. Wenn Sie vollkommen aus der Form sind, planen Sie drei bis vier Monate grundlegendes Training ein, ehe Sie sich an eine größere Herausforderung wagen. Legen Sie Ihr tägliches und wöchentliches Training im Voraus fest und halten Sie sich so genau wie möglich daran – lassen Sie sich auch durch Freunde nicht davon abbringen.

Überwinden Sie mentale Hürden

Von seinen Mitmenschen empfängt man – verbal oder nonverbal – allerlei negative Signale. Deshalb ist es wichtig, dass Sie sich nicht von Selbstzweifeln befallen lassen. Positives Denken führt zu einer konstruktiven Einstellung und mit der richtigen Einstellung ist alles möglich.

Wenn jemand zu Ihnen sagt, Sie schaffen etwas nicht, wie reagieren Sie?
a) Ich glaube ihm und versuche es gar nicht erst.
b) Ich glaube ihm, versuche es aber trotzdem
c) Ich glaube ihm nicht und beweise das Gegenteil.

Wenn Sie ein bestimmtes Aussehen vor Augen haben, arbeiten Sie dafür! Wollen Sie große Muskeln, wählen Sie ein Trainingsprogramm, das Ihnen das gewünschte Resultat liefert. Holen Sie sich Rat bei erfahrenen Bodybuildern. Machen Sie um Leute einen Bogen, die dem Krafttraining und seinen Vorteilen negativ gegenüberstehen.

Machen Sie das Training zur Alltagsroutine

Versuchen Sie, das Training zu einem Teil Ihres Alltags zu machen. Wenn Sie unregelmäßig trainieren, werden Sie niemals in den Genuss der Vorteile kommen, den Ihnen das Trainieren mit Gewichten verschafft, und Sie werden Ihre Ziele aus den Augen verlieren. Gehen Sie in ein Fitness-Studio, das sich in der Nähe Ihres Arbeitsplatzes oder Ihres Wohnortes befindet. Reservieren Sie einen ganz bestimmten Tag oder eine bestimmte Zeit für Ihr Training und reduzieren Sie diese Zeit nicht. Überlisten Sie sich nicht selbst mit albernen Ausreden wie „es ist zu kalt (nass, heiß) zum Trainieren". Wenn es wirklich einmal sehr heiß ist, dann passen Sie Ihr Training den Temperaturen an.
Wenn Sie nach dem Training zu müde zum Arbeiten sind, trainieren Sie nach der Arbeit. Wenn Sie vorzugsweise am Abend trainieren, gehen Sie, direkt nach der Arbeit ins Fitness-Studio, Sie werden feststellen, dass der Berufsstress nach einem guten Training von Ihnen abgefallen ist. Wenn Sie jedoch nach der Arbeit erst nach Hause fahren, kann sich das fatal auf Ihre guten Absichten auswirken.
Falls Sie kleine Kinder haben, versuchen Sie eine Babysitter-Gruppe zu organisieren, bei der immer einer abwechselnd auf die Kinder aufpasst, während die anderen zum Training gehen. Das spart die Kosten für einen gemieteten Babysitter und jeder kann daraus Nutzen ziehen. Sind Ihre Kinder bereits im schulpflichtigen Alter, gehen Sie ins Fitness-Studio, nachdem Sie Ihre Kinder in der Schule abgeliefert haben, aber werfen Sie nicht vorher noch zu Hause einen Blick in Ihr Spülbecken!

Steigern Sie Ihr Programm und fordern Sie Ihren Körper

Beginnen Sie jedes neue Programm langsam. Nehmen Sie sich nicht vor, Beindrücken mit einem 25 kg Gewicht zu absolvieren, wenn Sie es nicht können. Setzen Sie sich aber ein Ziel wie, in drei oder vier Monaten schwerere Gewichte zu heben oder die Anzahl der Wiederholungen zu steigern. Vielleicht schaffen Sie Ihr Ziel nicht ganz, aber dadurch lernen Sie, das nächste Mal etwas genauer zu planen.

Beobachten Sie Ihre Fortschritte und Ihre Form

Führen Sie über Ihr Trainingsprogramm Buch, damit Sie Ihre Fortschritte verfolgen können. Verlassen Sie sich dabei niemals auf Ihre Personenwaage. Messen Sie stattdessen mit einem Maßband die Fortschritte, die Sie zum Beispiel an Armen, Oberschenkeln und Waden machen. Wenn Sie regelmäßig trainieren, sollte dies alle sechs bis acht Wochen geschehen.

Ändern Sie Ihren Trainingsplan regelmäßig

Sie haben viele Möglichkeiten, Ihr Trainingsprogramm zu variieren. Legen Sie immer wieder andere Einheiten und Kombinationen fest oder ändern Sie die Art der Übungen für bestimmte Muskeln.

Halten Sie sich auf dem Laufenden

Lesen Sie Magazine, die sich mit Gesundheit und Fitness befassen. So erfahren Sie immer, wenn sich etwas Neues auf dem Trainingssektor tut. Verlassen Sie sich nicht allzu sehr darauf, was Ihnen Andere erzählen, es sei denn sie sind Experten auf ihrem Gebiet. Es wirkt außerdem motivierend, sich auch neben dem Training mit diesem Thema zu befassen.

Die Lebensweise

Ihre Lebensweise kann sich aufgrund besonderer Umstände wie Beruf, Urlaub oder Schwangerschaft ändern. Abhängig von der Art der Veränderung, können Sie Ihre Fitness durch Aerobic, Walking, Joggen oder Schwimmen erhalten. Übungen wie Push-ups, Sit-ups und ein paar Kurzhanteln sind ebenfalls hilfreich, wenn Sie zeitweise kein Fitness-Studio besuchen können.

„Stellen Sie sich eine Belohnungsliste zusammen, die Sie motiviert, das Training beizubehalten."

Legen Sie eine Pause ein

Falls Sie für einige Zeit mit dem Krafttraining aufhören möchten, brauchen Sie sich nicht schuldig zu fühlen oder denken, dass sich Ihre Muskeln nun in Fett verwandeln. Wenn Sie mit dem Training aufhören, überprüfen Sie Ihre Gründe dafür. Natürlich sollten Sie nur dann mit Gewichten trainieren, wenn Sie auch Spaß daran haben und nicht, weil Sie unter dem Druck stehen, Ihr Aussehen einer bestimmten Mode anpassen zu müssen.
Trainieren Sie nicht, wenn Sie sich unwohl fühlen. Legen Sie so lange eine Pause ein, bis Sie wieder vollkommen fit sind. Wenn Sie nach einer längeren oder schwerwiegenden Krankheit wieder mit dem Training beginnen, sollten Sie es langsam angehen. Ein Rückfall ist weder gut für Ihre Gesundheit noch für Ihre Motivation.

Belohnungen

Stellen Sie für sich eine Belohnungsliste zusammen. Das macht nicht nur Spaß, sondern hilft Ihnen auch, motiviert zu bleiben. Beispiele dafür sind:

- Eine Massage am Ende eines jeden Monats, in dem Sie wirklich hart trainiert haben.
- Neue Trainingsbekleidung, sobald Ihr Maßband ein erfreuliches Ergebnis zeigt.
- Ein leckeres Abendessen mit einem Freund oder einer Freundin.
- Eine Kosmetikbehandlung, die Sie vorher noch nie ausprobiert haben.

Unterwegs

Wenn Sie einen Beruf haben, bei dem Sie viel reisen müssen, können Sie nicht so regelmäßig trainieren, wie Sie vielleicht möchten. Doch auch in diesem Fall können Sie Abhilfe schaffen. Wenn Sie viel in Hotels sind, suchen Sie sich solche aus, in denen es Fitnessräume gibt. Wenn dies nicht möglich sein sollte, nehmen Sie Ihre eigene Ausrüstung mit: ein Springseil, ein paar Elastikbänder und – wenn möglich – Kurzhanteln. Stellen Sie sich einen kleinen, einfachen Trainingsplan zusammen, der etwa so aussehen könnte:

Aufwärmen

Aufwärmen mit dem Springseil
5 Minuten
Dehnen der vorderen und hinteren Oberschenkelmuskulatur sowie der Waden-, Brust- und Schultermuskulatur
5 Minuten

Training

Sit-ups
20 Wiederholungen
Bauchcrunches
30 Wiederholungen
Hüpfen
10 Minuten
Trizeps-Dips
20 Wiederholungen
Kniebeugen
30 Wiederholungen

Wenn Sie Elastikbänder zur Hand haben, können Sie noch weitere Übungen wie Bizepscurls oder seitliches Schulterheben hinzufügen. Übernehmen Sie die Übungen in diesem Buch, seien Sie aber auch erfinderisch! Machen Sie zwischen den Übungen keine allzu langen Pausen. Wiederholen Sie diesen Trainingsplan drei- bis fünfmal. Am Ende stehen Abkühlen und Stretching.

Integrieren Sie das Training so in Ihren Alltag, dass Ihnen ein plötzliches Aufhören vorkäme, als ob Sie mit nicht geputzten Zähnen aus dem Haus gingen.

SCHWANGERSCHAFT

Eines der ältesten Argumente dafür, dass Frauen keinen Sport treiben sollten, ist, dass sie damit ihren Fortpflanzungsorganen schaden könnten, vor allem, wenn es sich um Ausdauersportarten handelt. Dies trifft jedoch nicht zu. Wenn Sie schon länger und vor allem regelmäßig mit Gewichten trainieren, können Sie die meisten Übungen auch während der Schwangerschaft durchführen und brauchen sich wegen der Anstrengung keine Sorgen zu machen. Allerdings ist keine Schwangerschaft wie die andere, deshalb sollten Sie auf Ihren Körper und seine Signale achten.

Fitness und Schwangerschaft

Zunächst sollten Sie sich mit Ihrem Arzt oder einer Hebamme über den Grad Ihrer Fitness unterhalten. Wenn Sie schon längere Zeit trainieren, müssen Sie die Übungen lediglich Ihrem sich verändernden Körperumfang anpassen. Falls jedoch während der Schwangerschaft Komplikationen auftreten, überarbeiten Sie besser Ihr Trainingsprogramm und befolgen die Ratschläge, die Ihnen von professionellen Trainern angeboten werden.
In vielen Fällen werden die Frauen dazu ermuntert, ihr Fitnessprogramm beizubehalten, da der Fötus durch den Beckenknochen gut geschützt ist. Normalerweise kann er durch das Training weder physischen noch psychischen Schaden erleiden.
Falls Sie jedoch vor der Schwangerschaft noch nie trainiert haben, ist es nicht ratsam, ausgerechnet in diesem Zustand damit zu beginnen. Zumindest müssen Sie vorher dazu unbedingt den Rat Ihres Arztes sowie eines geprüften Fitnesstrainers einholen.
Viele Frauen stellen fest, dass sie während der Schwangerschaft extrem müde sind, also schlafen Sie und entspannen Sie sich.
In den letzten Wochen der Schwangerschaft sagen Sie sich vielleicht: „Hey, ich kann meine Turnschuhe nicht mehr sehen, geschweige denn sie alleine anziehen – Training, vergiss es!" Verzweifeln Sie nicht, unternehmen Sie stattdessen lange Spaziergänge, gehen Sie zum Schwimmen und machen Sie Kurzhanteltraining mit leichten Gewichten für den Oberkörper.
Es gibt einige Punkte, die Sie beachten sollten, wenn Sie auch während der Schwangerschaft Ihr Training beibehalten möchten:

„Ein kräftiger Oberkörper ist optimal auf all die Hebearbeiten vorbereitet, die auf Sie zukommen, wenn das Baby da ist."

1. Besprechen Sie Ihr Trainingsprogramm mit Ihrem Arzt oder der Hebamme und geben Sie dabei ehrlich über den momentanen Stand Ihrer Fitness Auskunft.
2. Wenn Sie ein spezielles Fitnessprogramm haben, geben Sie weiterhin Ihr Bestes, aber übertreiben Sie nicht. Bereiten Sie sich darauf vor, Zugeständnisse an die Veränderungen in Ihrem Körper zu machen.
3. Hüten Sie sich vor Überhitzung. Die Körpertemperatur steigt während der Schwangerschaft, trainieren Sie daher nicht in zu warmen Räumen oder zur heißesten Tageszeit (zwischen 11 und 14 Uhr). Tragen Sie beim Trainieren luftige, bequeme Kleidung.
4. Trinken Sie reichlich Wasser.
5. Achten Sie auf die Signale Ihres Körpers. Wenn Sie müde werden, ruhen Sie sich aus. Machen Sie sich keine Vorwürfe, wenn Sie zwischendurch ein Training auslassen.
6. Essen Sie mindestens ein bis zwei Stunden vor dem Training einen leichten, kohlehydratreichen Snack.
7. Planen Sie mehr Zeit zum Aufwärmen und Abkühlen ein. So bereiten Sie Ihre Gelenke optimal auf das Training vor.
8. Machen Sie keine Diät! Ernähren Sie sich gesund und ausgewogen.

Wenn Sie eine der folgenden Beschwerden haben, hören Sie sofort auf zu trainieren und suchen Sie einen Arzt auf:

- Sehstörungen
- Übelkeit
- Rücken-, Becken- oder Hüftschmerzen
- Gebärmutterkontraktionen
- Vaginale Blutung
- Herzrasen

DANKSAGUNG

Die Herausgeber sind sehr dankbar für die Hilfe und Mitarbeit von

Samantha Nelson, Sharon Sykes, Theresa Bryden und Sandra Davies, die mit der Autorin die Übungen zusammengestellt haben und ihre Zeit für die Aufnahmen in diesem Buch opferten.

Ron Bradbury und das Personal im The Atrium Club, Ely, Cambridgeshire, England, die uns zum Fotografieren großzügigerweise Ihre Räumlichkeiten zur Verfügung gestellt haben und uns während der Produktion dieses Buches mit Rat und Tat zur Seite standen. Dank auch an Inhaber und Personal der Kelsey Kerridge Sports Hall in Cambridge, in deren Räumen wir ebenfalls fotografieren durften.

REGISTER